KONO OMURAISU NI FUKAKACHI O TSUKETE KUDASAI
Copyright ⓒ Takafumi Kakiuchi 2025
All rights reserved.
Originally published in Japan in 2025 by Poplar Publishing Co., Ltd.
Korean translation rights arranged with Poplar Publishing Co., Ltd.
through BC Agency

이 책의 한국어판 저작권은 BC에이전시를 통해 저작권자와 독점 계약을 맺은 ㈜지니의서재에 있습니다. 저작권법에 의해 한국 내에서 보호를 받는 저작물이므로 무단전재와 복제를 금합니다.

평범한
오므라이스에
숨은 **경영전략**

평범한 오므라이스에

가키우치 다카후미 지음
이경미 옮김

만 원짜리 상품,
어떻게 100만 원에
팔릴까

이 오므라이스의 부가 가치는?

숨은 경영 전략

지니의서재

프롤로그

한 고급 레스토랑이 있습니다. 이곳은 전설적인 셰프가 직접 선보이는 '소박한' 달걀 요리로 유명합니다. 그런데 그 한 접시의 가격은 상상을 초월할 만큼 비쌉니다.

어느 날, 한 손님이 그 이유를 물었습니다. 그러자 셰프는 담담히 이렇게 말했습니다.

"저는 달걀 하나로 최고의 맛을 내기 위해 30년 넘게 수련해 왔습니다."

이 일화는 '가치란 무엇인가'를 깊이 생각하게 만듭니다.
과연 이 달걀 요리를 터무니없이 비싸다고만 할 수 있을까요?

이런 물음을 마주할 때 우리는 가치를 따져보게 됩니다. 눈이 휘둥그레질 만큼의 가격이 정당한 값어치인지, 아니면 단순히 비싸기만 한 것인지(바가지인지)를 가르는 기준이 바로 '가치'입니다.

30년간 맛의 비밀을 연구해 완성한 달걀 요리!

겉으로 보기엔 단 3분 만에 조리되는 요리처럼 보이지만, 실은 그 3분에 더해진 '30년의 세월'이 있었기에 가능해진 결과물입니다.

그 속에 바로 그만한 가치가 담겨 있는 것입니다.

상품이나 서비스를 선택할 때, 기준이 되는 것은 곧 '가치'입니다. 직장에서는 새로운 가치를 창출하기 위해 매일 고군분투하고, 집에서는 가족의 행복을 떠올리며 음식을 준비하는 것 자체가 가족에게 전하는 가치의 표현입니다.

'사는 의미가 무엇일까?'

이런 물음을 던져본 적이 있을 것입니다. 결국 이는 '나의 가치는 무엇일까?'라는 질문과 맞닿아 있습니다.

우리는 직장과 일상 속에서 가치를 추구하며, 동시에 그 영향 속에서 살아가고 있습니다. 그러나 '가치'라는 단어는 어딘가 다가가기 어려운, 딱딱한 이미지로 느껴지곤 합니다. 영어로 '밸류

value'라고 하면 더욱 나와는 거리가 먼, 낯선 개념처럼 다가오기도 합니다.

이 책은 그런 '가치'를 보다 친숙하게 이해할 수 있도록 쉽게 풀어내고자 합니다. 가치는 결코 어려운 개념이 아니라, 우리의 일상에 직접적인 도움을 주는 삶의 지침임을 전하고 싶어 이 책을 쓰게 되었습니다.

구체적인 내용으로 들어가기 전에 먼저 짚고 넘어가야 할 점은 '가치에는 세 가지 유형이 있다'는 것입니다.

기존 가치, 부가 가치, 불필요 가치

이 가운데 특히 주목해야 할 것은 '부가 가치'입니다. 가치를 논할 때 부가 가치를 이해해야만 기존 가치와 불필요한 가치를 올바르게 구분할 수 있기 때문입니다.

세 가지 가치

> **기존 가치** 예상 범위 내의 가치

> **부가 가치** 예상을 뛰어넘는 가치

> **불필요 가치** 부가 가치의 기능을 상실한 것

부가 가치를 이해하면 업무는 물론 일상에서도 큰 도움이 됩니다. '무엇을 우선해야 하는지, 어떤 목표를 세워야 하는지, 또 어떤 행동을 선택해야 하는지'에 대한 일종의 나침반이 되어주기 때문입니다.

무엇보다 부가 가치를 만들어가는 과정이 의외로 즐겁습니다. 이를테면, "이 오므라이스의 가치를 매겨주세요."라는 부탁을 받는다면, 당신은 오므라이스에 어떤 부가 가치를 더하시겠습니까?(참조 38쪽) 반면, 부가 가치에 대한 이해가 부족하다면 불필요한 수고를 하거나 방향을 잡지 못해 헤매는 상황이 반복되기 쉽습니다.

이 책의 핵심 주제는 상품과 서비스의 부가 가치이지만, 동시에 개인 각자의 부가 가치에도 초점을 맞추고 있습니다. 부가 가치는 곧 한 사람의 강점을 발견하는 지름길이기 때문입니다. '나는 가치가 없다, 다른 사람보다 잘하는 것이 없다'라며 자신감을 잃는 이들도 있습니다. 그러나 부가 가치를 만들어내는 방법을 알게 되면, 그러한 불안감에서 벗어나 자신의 가능성을 새롭게 발견할 수 있습니다.

이 책은 '부가 가치란 무엇인가?', '부가 가치는 어떻게 만들어지는가?'에 대한 개념과 방법을 다루고 있습니다. 거대한 테크놀로지를 활용해 엄청난 부가 가치를 창출하는 이야기가 아니라, 작은 아이디어로도 일상에서 즉시 적용할 수 있는 다양하고 소소한 부가 가치를 소개합니다.

이 책을 통해 독자 여러분이 일과 삶을 새로운 시각으로 바라보고, 또 다른 방향으로 나아갈 수 있기를 진심으로 응원합니다.

저자 가키우치 다카후미

워밍업

이 문제에 대해 생각해 보세요.

문제

하와이에서 오리털 재킷을 팔려면
어떻게 해야 할까요?

답변(예시)

1 하와이 거주자 중 추운 지역으로 여행이나 출장을 떠나는 사람을 대상으로 판매

2 하와이에 놀러 온 여행객에게 판매

(두 가지 답변은 예시일 뿐 이것만이 정답은 아닙니다.)

하와이의 가장 추운 날씨는 기온이 약 20℃ 정도라고 합니다. 평균 기온이 25~30℃에 이르니 코트나 오리털 재킷 같은 두꺼운 옷은 필요 없어 보입니다. 그런데 놀랍게도 사계절 내내 여름 같은 하와이에서도 오리털 재킷이 팔린다고 합니다. 그렇다면 오리털 재킷이 하와이에서 팔리는 이유는 무엇일까요?

생각해 볼 수 있는 이유야 많겠지만, 크게 두 가지로 집약할 수 있을 것 같습니다.

① 하와이에 거주하는 사람이 여행 또는 출장으로 추운 지역에 가게 되었을 때 구매
② 여행객이 구매

만약 이유가 ①에 해당한다면, 추운 지역에서 오리털 재킷을 판매하는 영업 방식과는 차별화된 영업 전략이 필요합니다.

• **추운 지역에서 오리털 재킷을 판매할 경우**

보온성이 얼마나 뛰어난지, 착용했을 때 얼마나 가볍고 편한지, 또 다양한 옷과 잘 어울리는 무난한 색상인지 등을 강조하는 방식이 효과적입니다.

● 하와이에서 오리털 재킷을 판매할 경우

①의 구매 목적은 '추운 지역으로의 여행이나 출장'입니다. 따라서 이 재킷이 여행지나 출장지에서 얼마나 안성맞춤인지 강조할 필요가 있습니다. 예를 들어, 부피를 작게 접어 가방에 쉽게 넣을 수 있다는 점, 가벼워서 휴대에 부담이 없다는 점, 주머니가 많아 여행이나 출장지에서 활용도가 높다는 점 등을 부각하는 것이 효과적입니다. (저 역시 과거 시애틀에서 하와이로 이동한 적이 있었는데, 부피가 큰 오리털 재킷을 입은 탓에 하와이에서 꽤 고생했던 기억이 있습니다.)

또한 여행을 목적으로 오리털 재킷을 구매하는 사람의 심리는 따뜻한 남쪽 나라 리조트로 떠나기 위해 수영복을 고르는 마음과 비슷합니다. 평소에는 잘 시도하지 않던 화려하고 밝은 색상을 입어 보며, 일상에서 벗어난 특별한 기분을 만끽하고 싶어 하는 욕구가 숨어 있을 수 있습니다. 그러므로 재킷을 '비일상적인 복장'이라는 콘셉트로 제안하는 것이 효과적인 세일즈 포인트가 됩니다.

②의 경우도 고객에 대한 영업 방식을 달리해야 합니다.
여행자에게 판매하려면 먼저 '하와이에서 굳이 사야만 하는 이유'를 만들어야 합니다. 예를 들어, 하와이에 위치한 고도 4,200m

의 마우나케아 등반용으로 제안할 수도 있고, 어디에서도 구할 수 없는 한정판 상품이거나 대폭 할인된 가격으로 판매하는 방식도 고려해 볼 수 있습니다.

같은 오리털 재킷이라 해도 목적과 대상에 따라 상품의 매력을 드러내는 전략은 달라져야 합니다. 이처럼 목적과 상대에 맞게 아이디어를 짜내는 과정이 이 책의 주제인 '부가 가치 전략'의 핵심입니다.

이제 PART 1에서 '부가 가치란 무엇인가'에 대해 좀 더 자세히 살펴보겠습니다.

차례

프롤로그　008
워밍업　013

Part 1
가치를 결정하는 것은 무엇인가

최애 아이돌 굿즈와 명품이 미치도록 사고 싶은 이유　030
이 오므라이스의 부가 가치를 매겨주세요　038
같은 티셔츠인데 어떤 곳은 잘 팔리고, 어떤 곳은 안 팔리는 이유　042
세 가지 종류의 가치 부가 가치, 기존 가치, 불필요 가치　046
당신의 일은 어떤 가치를 만들고 있는가　058
일의 실패는 부가 가치 부족에서 시작된다　073

Part 2
부가 가치를 현실로 만드는 전략

누구나 당장 시작할 수 있는 부가 가치　078
'일본에서 두 번째로 맛없는 가게'도 부가 가치가 될 수 있을까?　087
세상은 부가 가치와 전쟁 중　091
우리는 부가 가치에 돈을 쓴다　098

Part 3

평범한 나를 특별하게
만드는 부가 가치

면접 탈락, 진짜 이유는 다른 데 있다 **106**
성격을 바꾸지 말고 관점을 바꿔라 **109**
나는 어떤 가치를 더할 수 있을까? **114**
실패를 반복하는 사람들의 숨은 원인 **120**
시키는 대로만 해서는 성공할 수 없다 **127**

🔵 칼럼 왜 설명은 때로 역효과를 낼까? **130**

Part 4

가치를 높이는 사람들의
생각 습관

잘되는 사람들이 지키는 부가 가치 원칙 **136**
부가 가치는 관점의 차이에서 시작된다 **139**
단 한 사람의 기쁨을 먼저 생각하자 **144**
고객의 기쁨이 곧 진짜 부가 가치다 **148**
의도된 수고로움, 부가 가치의 비밀 **151**
'명쾌한 전달력'도 부가 가치다 **155**
기본 가치 없이는 부가 가치도 없다 **158**

🔵 칼럼 '작은 실패' 뒤에 숨은 '보이지 않는 실패' **163**

Part 5

부가 가치를 만드는
실전 노하우

부가 가치를 만드는 기법 있는 관점과 없는 관점　167

부가 가치를 만드는 기법 재정의화　176

부가 가치를 만드는 기법 표현 전환법　190

부가 가치를 만드는 기법 방향 전환법　195

부가 가치를 만드는 기법 이동법　203

부가 가치를 만드는 기법 분해법　207

부가 가치를 만드는 기법 세분화　215

부가 가치를 만드는 기법 소소한 잡담 플러스　218

부가 가치를 만드는 기법 비포 애프터 애프터　224

부가 가치를 만드는 기법 체험화　227

부가 가치를 만드는 기법 정리(수납)법　231

부가 가치를 만드는 기법 이익을 위한 손해의 기술　236

부가 가치를 만드는 기법 불편을 기회로　240

부가 가치를 만드는 기법 주객전도법　244

부가 가치를 만드는 기법 선택지 플러스 법칙　250

부가 가치를 만드는 기법 멀티 부가 가치화　254

부가 가치를 만드는 기법 곱셈법　257

칼럼 '이념(미션)'을 기존 가치에서 부가 가치로 바꾸기　262

에필로그 오늘 하루에도 가치를 더하라　264

가치를 결정하는 것은 무엇인가

문제

여기에 20칸짜리 '계단'이 있습니다.
이 계단을 오르내릴 때 '성취감'을
느낄 수 있도록 꾸며보세요.

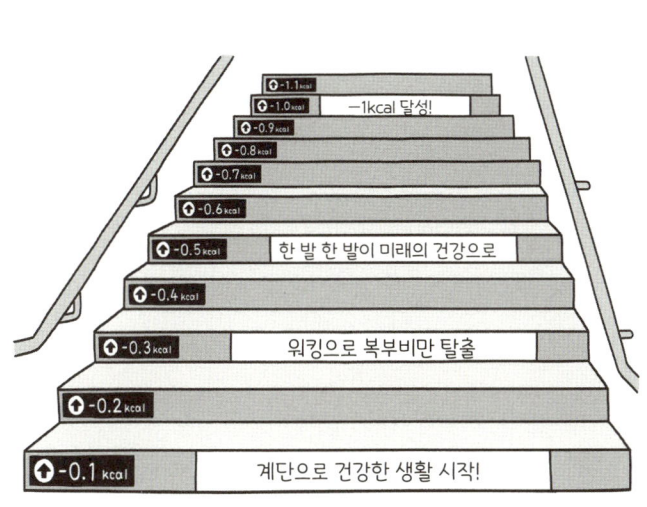

답변

계단을 오를 때마다 소모되는
열량을 각 칸에 표시한다.
여기에 동기부여가 되는 짧은 문구를 함께 적어 두면,
한 칸 한 칸 오를 때마다 성취감을 느낄 수 있다.

이 문제의 핵심은 '계단에 부가 가치를 매겨주세요'입니다. 많은 사람이 '에스컬레이터가 있는데 굳이 계단을 이용할 필요가 있을까?'라고 생각합니다. 어떻게 해야 그들의 마음을 움직일 수 있을까요?

　이미 ○○역의 계단에는 앞쪽 그림처럼 계단 이용을 권장하는 문구가 적혀 있죠. "계단 한 칸을 오를 때마다 열량이 0.1kcal 소모됩니다. 계단을 이용해 보세요!"라는 메시지입니다. 이 문구 덕분에 계단을 오르는 사람들은 단순히 오르는 것이 아니라, 열량 소모를 의식하며 '가치'를 느낄 수 있습니다.

　바로 이 '0.1kcal 소모라는 표기'가 이 책에서 말하고자 하는 '부가 가치'의 사례입니다. 계단의 원래 기능만 생각한다면 이런 문구는 없어도 됩니다. 그러나 이 짧은 메시지가 계단에 새로운 의미를 부여합니다. 이것이 바로 '부가 가치'의 힘입니다.

계단을 단순한 통행 수단에서 운동기구로 재정의함으로써 새로운 부가 가치가 탄생한 것입니다.

재정의를 통한 부가 가치 창출

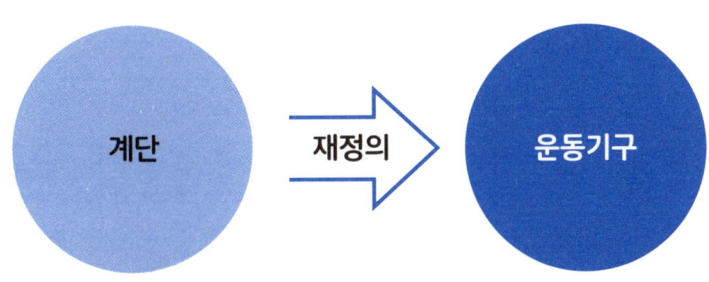

이러한 '재정의'는 여러 상황에 두루 적용할 수 있습니다. 구체적인 사례는 뒤(176쪽 참조)에서 다시 소개하겠습니다.

자, 여기서 또 하나의 질문 문제를 드리겠습니다.

문제

어느 동네의 작은 정육점 이야기입니다.
오랫동안 단골손님들의 사랑을 받아 온 가게였지만,
최근 들어 손님들의 발길이 눈에 띄게 줄어들었습니다.
사장님이 직접 공수한 최상급 고기만을
취급하기 때문에 맛은 흠잡을 데가 없습니다.
그런데도 손님은 계속 줄고 있습니다.
손님이 줄어든 이유는 무엇일까요?

> **답변**
>
> 변화를 시도하지 않고, 늘 하던 방식대로만
> 고기를 팔아왔기 때문이다.

　이 지역은 이미 '고령화 사회'로 접어들었습니다. 예전에는 맛있는 고기를 사기 위해 사람들이 꾸준히 동네 정육점을 찾았지만, 이제는 바로 옆 마트에서도 최상급 고기를 손쉽게 구할 수 있습니다. 따라서 고기만을 위해 일부러 정육점을 방문하는 일이 번거롭게 느껴지는 손님들이 늘어났습니다. 게다가 마트는 배달 서비스까지 제공합니다. 품질은 물론 편리함까지 갖춘 마트를 찾는 고객이 많아지면서 정육점을 찾는 손님은 눈에 띄게 줄어들게 되었습니다.

　맛있는 고기라는 기본 가치는 여전히 제공하고 있었지만, 정작 고객이 진짜로 원하는 가치는 충족시키지 못했습니다. 다시 말해, 손님에게 필요한 '부가 가치'를 제시하지 못했던 것입니다.

최애 아이돌 굿즈와 명품이
미치도록 사고 싶은 이유

　세월이 흘러도 꾸준히 인기를 유지하는 정육점도 있습니다. 그 가게들은 변화하는 고객의 니즈에 발 빠르게 대응합니다. 예를 들어, 고령화가 진행된 지역이라면 요리하기 힘든 고객을 위해 조리된 메뉴를 늘리거나, 기름진 음식을 꺼리는 이들도 부담 없이 먹을 수 있도록 다양한 사이드 메뉴를 준비합니다. 또한 마트와 차별화를 위해 오늘 손질한 고기라는 신선함을 강조하거나, 고객 맞춤 손질 서비스를 제공하는 등 고객이 체감할 수 있는 부가 가치를 제공합니다.

　부가 가치가 있으면 인기가 높아지고, 부가 가치가 없으면 인기가 시들해짐니다.

 소비자는 때로 '부가 가치'만을 보고 상품과 서비스를 선택하기도 합니다. 어쩌면 우리는 상품 자체가 아니라 그 안에 담긴 부가 가치를 사고 있는 건지도 모릅니다.

 '아니야, 나는 필요해서 이 상품을 산 거지, 부가 가치를 보고 산 게 아닌데?'라고 말하는 사람도 있을지 모릅니다. 과연 그럴까요?

 좋아하는 아이돌이나 아티스트의 콘서트장에서 판매되는 굿즈를 갖고 싶었던 경험이 있지 않나요? 최애 아이돌의 이름이 새겨진 수건, 공연 티셔츠, 아크릴 스탠드…. 갖고 싶은 물건이 넘쳐나 이것저것 담다 보면 어느새 한 아름이 되기도 하죠. 말하자면 굿즈는 '부가 가치의 결정체'입니다.

그렇다면 최애 아이돌 이름이 들어간 수건이 아니었다면 어땠을까요?

수건의 적정가가 5,000원이라는 것을 알면서도, 아이돌 이름이 들어간 디자인이라면 30,000원을 기꺼이 낼 용의가 있다고 생각할 것입니다.

- **수건의 적정 가치: 5,000원**
- **최애 아이돌 이름이 들어간 수건의 가치: 30,000원**
  차액 25,000원이 '부가 가치'인 셈이다.

'브랜드'도 부가 가치의 일종입니다. 똑같은 제품이어도 브랜드 로고가 있느냐, 없느냐에 따라 가치는 달라집니다. 사업 성공의 핵심 요소로 흔히 '브랜딩'을 꼽습니다. 쉽게 말해 브랜딩이란 바로 '부가 가치를 창출하는 과정'입니다.

'브랜딩'이라는 단어 자체가 어렵게 느껴지고, 어떻게 하는 것인지 잘 모르겠다는 이야기를 자주 듣습니다. 하지만 이를 '부가 가치를 만드는 작업'이라고 설명하면 쉽게 이해가 될 겁니다.

손님들의 발길이 줄어든 정육점은 기본적인 가치는 제공했지만, 부가 가치를 제공하지 못했습니다. 물론 단골손님이 많다면 기존 가치만으로도 장사를 이어갈 수 있습니다.

하지만 부가 가치의 부재로 결국 문을 닫게 되는 가게도 적지 않습니다. '잘나가던 사업이 갑자기 기울었다'고 말하는 사장님이 있는 반면, '사업이 날로 번창하고 있다'고 말하는 사장님도 있습니다.

이 둘의 차이는 어디에서 비롯되는 것일까요? 그리고 번창하는 사업은 왜 계속해서 잘되는 것일까요?

여기서 문제!

- **스티브 잡스**
- **일론 머스크**
- **100년 전통의 제과점**
- **여전히 사랑받는 청과물 가게**

이들의 공통점은 무엇일까요? 정답은 바로 '부가 가치를 높이는 작업을 꾸준히 이어왔느냐'입니다. 잘되는 사업과 그렇지 못한 사업의 차이는 곧 '부가 가치의 유무'에 있습니다.

기존의 방식만 고집하다 보면 위기를 맞는 경우가 많습니다. 저는 이렇게 과거의 가치를 그대로 답습하는 방식을 '기존 가치'라고 부릅니다. 반대로 남들과 차별화된 '부가 가치'를 만들어내는 데 성공한 사업은 대체로 승승장구합니다. 이미 대중화된 상품이라도 새로운 부가 가치를 더하면 색다른 매력으로 소비자의 마음을 사로잡을 수 있습니다. 나아가 레드오션 속에서도 자신만의 블루오션을 만들어낼 수도 있습니다.

동종업체 간에 치열하게 경쟁하며 하나라도 더 팔기 위해 전전긍긍하던 비즈니스 모델에서 벗어나 "당신과 함께 일해 보고 싶어요.", "귀사의 상품을 써보고 싶어요."와 같이 고객이 먼저 제안해 오는 상황이 전개될 수도 있습니다. 가치에는 그런 힘이 있습니다.

당연한 것에 엄청난 부가 가치가?

부가 가치의 중요성을 이야기하면, 어떤 사람들은 '내 직업엔 그런 게 없고, 굳이 필요하지도 않다'고 생각할지도 모릅니다. 하지만 부가 가치는 의외의 곳에서 발견되기도 합니다.

한 조사에서 해외 관광객들에게 일본의 인상적인 점이 무엇인지 물었습니다. 그들이 꼽은 답변은 의외로 소박했습니다.

'전철이 시간표대로 정확히 도착한다', '자판기가 많다', '공중화장실이 깨끗하다', '치안이 좋다', '어느 음식점에 가도 맛있다'….

이 모든 것은 일본인에게는 너무나 '당연한 일상'이지만, 외국인의 눈에는 새롭고 인상적으로 비쳤던 것입니다. 그리고 바로 그런 점들이 일본의 '대단한 점'으로 높이 평가되고 있습니다.

'일상'이 알고 보니 부가 가치

우리가 너무도 당연하게 여기는 '전차가 정각에 도착한다'는 사실도 하나의 부가 가치가 될 수 있습니다. 이처럼 시각을 조금만 달리하면, 부가 가치는 어디에서나 발견할 수 있습니다.

외국인의 눈에 비친 일본의 특별함 중 하나로 꼽히는 것이 '오모테나시 おもてなし'입니다. '오모테나시'는 명사이며, 동사형은 '모테나스 持て成す'로 '대접하다', '환대하다'라는 뜻을 가집니다.

그 기원은 헤이안 시대 平安時代(794~1185)까지 거슬러 올라갑니다. 어원은 '겉이 없다'는 뜻의 '오모테나시'에서 비롯된 것으로 겉이 없으면 속도 없다는 의미에서 겉과 속이 다르지 않은 진심 어린 환대를 상징합니다. 즉, 거짓 없이 성심껏 상대를 기쁘게 하려는 마음을 뜻합니다.

비슷한 개념으로 '호스피탈리티 hospitality'가 있지만, 두 단어의 뉘앙스에는 미묘한 차이가 있습니다. 호스피탈리티가 고객을 향한 따뜻한 환대를 의미한다면, 오모테나시는 그보다 더 깊고 넓은 차원의 마음 씀을 포함합니다. 실제로 오모테나시 문화를 경험한 외국인 관광객들은 하나같이 깊은 감동을 받았다고 말합니다.

그런 문화의 영향 때문인지 일본의 음식점에서는 자리에 앉자마자 물수건과 함께 물이나 차가 자연스럽게 제공됩니다. 이는 손님을 성성껏 맞이하려는 주인상의 마음이 남긴 세심한 배려입니다.

물수건을 받는 일이 너무나 익숙한 일본인에게는 특별한 감흥이 없겠지만, 외국인들에게는 일본 특유의 '부가 가치'로 인식됩니다.

결국 '당연한 것', '일상적인 것'도 관점을 바꾸면 충분히 새로운 부가 가치가 될 수 있는 것입니다.

시각을 달리하면 똑같은 것도 전혀 다른 가치로 보입니다.

물수건 이야기를 하다 보니 문득 떠오르는 일화가 있습니다.

예전에 한 일식집에서 취재를 위해 작가님과 만나기로 한 적이 있었습니다. 조용한 분위기 속에서 인터뷰하면 좋겠다고 생각해 그곳을 선택했는데, 가게 위치를 안내한 지도가 조금 복잡했는지 작가님이 길을 헤매고 말았습니다.

불볕더위가 기승을 부리던 한여름이었습니다.

간신히 가게를 찾아 약속 시간보다 늦게 도착한 그는 땀에 흠

뻑 젖어 있었고, 누가 건드리기만 해도 터질 듯한 짜증이 얼굴에 그대로 드러나 있었습니다.

그 모습을 본 가게 점장님은 곧바로 꽁꽁 얼린 물수건을 한가득 가져다주셨습니다.

"지도를 헷갈리게 그려 죄송합니다. 우선 이 수건으로 몸을 닦으시면서 더위를 좀 식히세요."

정말로 놀라울 만큼 많은 물수건이었습니다.

땀을 닦으며 잠시 숨을 돌린 그는 이 가게의 오모테나시에 깊은 감동을 받았고, 덕분에 취재도 무척 순조롭게 진행되었습니다.

'이게 바로 오모테나시구나!' 그날의 기억은 지금도 잊히지 않습니다.

그 일을 계기로 저는 자연스럽게 그 가게의 단골이 되었습니다. 감동적인 부가 가치를 실천하는 가게의 열렬한 팬이 되어버린 것이지요.

이 오므라이스의
부가 가치를 매겨주세요

보기에도 먹음직스러운 오므라이스가 있습니다. 이 사진을 보여주며 이런 질문을 합니다.

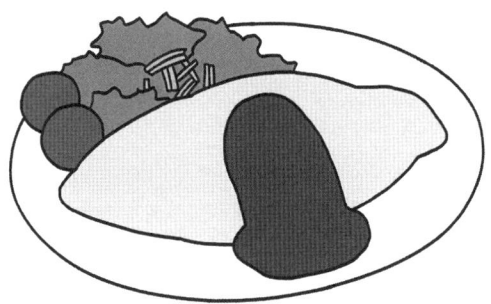

↑ "이 오므라이스에 당신은 얼마를 쓰시겠어요?"

어떠신가요? 보기에는 먹음직스럽지만, 사실 특별할 것 없는 평범한 오므라이스입니다.

그렇다면 당신은 이 오므라이스에 얼마까지 지불하고 싶으신가요?

"8,000원 정도?"

"15,000원까지라면 먹겠어요."

역시 이 정도 가격대가 적정가일 수 있습니다.

하지만 오므라이스에 숨겨진 특별한 비밀을 알게 된다면 어떻게 될까요?

이 오므라이스는 모두가 아는 한 유명 스포츠 선수가 어린 시절부터 시합 전마다 꼭 먹고 출전하던 '필승 오므라이스'입니다. 이번에는 특별히 그 선수의 어머니가 직접 만들어주신 것이라 합니다.

이 사실을 알고 난 뒤, 다시 같은 질문을 받는다면 당신은 어떻게 대답하시겠습니까? 이 오므라이스에 얼마를 쓰실 의향이 있으신가요?

"그런 거라면 한번 먹어보고 싶으니까 30,000원까지는 쓸 거 같아요."

"○○ 선수의 열렬한 팬인 저는 100만 원을 주고서라도 꼭 먹을 거예요!"

<u>오므라이스에 부가 가치가 매겨졌습니다. 특별한 재료가 들어가지 않은 이 오므라이스는 어디에서나 볼 수 있는 그저 평범한 오므라이스입니다. 그런데 알고 보니 특별한 부가 가치를 가진 오므라이스라는 반전이 있었습니다. 그러자 고가의 가격이 매겨졌습니다. 부가 가치는 상대방과 상황 등에 따라 다양한 평가가 매겨집니다.</u>

이 밖에도 다양한 방법으로 오므라이스의 부가 가치를 높일 수 있습니다.

다음은 이 책에서 소개할 '부가 가치를 높이는 기술'을 활용해 몇 가지 사례를 만들어보았습니다.

메시지 오므라이스

오므라이스에 케첩으로 글이나 그림을 그리곤 하는데 그것을 활용하는 방법입니다. 예를 들어, 케첩으로 '복구지원 오므라이스'라는 메시지가 들어간 오므라이스를 개발해 피해지역에 응원의 메시지를 전달합니다. 오므라이스 사진을 SNS에 올리면 오므라이스 가격 중에서 1,000원을 복구지원에 기부한다는 발상입니다. 이는 앞서 소개한 '재정의' 기술을 활용한 것인데, 오므라이스라는 음식에 메시지 기능이라는 부가 가치를 더한 것입니다(176쪽 참조).

이 밖에도 메시지 오므라이스를 응용하여 다양한 부가 가치를 만들어볼 수 있습니다. 단 음식을 자제 중인 사람에게는 생일 케이크 대신에 메시지 오므라이스를 보내는 방법도 있습니다. 이는 '접목법' 기술을 사용한 것입니다(178쪽 참조).

고단백 오므라이스

미용과 다이어트에 좋은 고단백 식품이 요즘 인기라는 점을 접목하여 부가 가치를 만들어볼 수도 있습니다.

달걀 수량을 선택할 수 있게 하거나 재료를 허벅지살에서 가슴살로 변경할 수 있게 하는 등, 고단백 식품임을 어필해 부가 가치를 높이는 발상입니다. 마찬가지로 이 또한 '재정의' 기술을 사용했습니다.

이 밖에도 부가 가치를 만드는 기술을 제대로 활용한다면, 그 가능성은 무궁무진합니다.

'맛'이라는 범주에만 국한될 게 아니라 메시지를 전달하는 오므라이스, 추억을 만드는 오므라이스, 건강 식단 오므라이스처럼 시야를 넓히면 오므라이스의 부가 가치를 다양화할 수 있습니다.

같은 티셔츠인데 어떤 곳은 잘 팔리고, 어떤 곳은 안 팔리는 이유

저는 출판사에서 일합니다. 예전에 K 선배가 이런 이야기를 해준 적이 있습니다.

한 의류회사와 협업해 책과 티셔츠를 함께 판매하는 기획을 진행했는데, 판매처는 서점과 의류회사 매장이었습니다. 그런데 막상 판매를 시작하자 결과는 극명하게 갈렸습니다. 의류회사 매장에서는 좋은 반응을 얻었지만, 서점에서는 판매가 부진했습니다.

같은 상품임에도 매출 차이가 크게 났습니다. 의류 매장에서 티셔츠와 책을 묶어 5만 원에 판매했을 때, 이는 다른 의류 제품에 비해 상대적으로 '저렴한 상품'으로 보였을 가능성이 있습니

다. 게다가 해당 브랜드를 좋아하는 충성 고객에게는 부가 가치가 높은 매력적인 패키지로 느껴졌을 것입니다.

반면, 서점에서는 상황이 달랐습니다. 같은 5만 원이더라도 일반 책과 비교하면 '비싼 상품'에 속합니다. 그 브랜드의 팬들이 굳이 서점까지 찾아올 이유도 없으니 서점에서는 사실상 부가 가치가 사라진 것이나 다름없습니다.

똑같은 상품도 판매하는 장소와 대상에 따라 부가 가치는 달라집니다.

부가 가치가 형성되는 구조를 이해하고, 새로운 부가 가치를 만들어내는 기술을 익히는 것이 부가 가치를 높이는 가장 빠른 길입니다. 이 책은 바로 그 구조와 기술을 다루고 있습니다.

후지산에 있는 자판기의 부가 가치는?

일본에서 가장 높은 산, 후지산에는 따뜻한 음료와 차가운 음료가 채워진 자판기가 곳곳에 설치되어 있습니다. 등산하다가 목을 축이고 싶을 때마다 눈앞에 나타나는 자판기는 참으로 고마운 존재입니다. 그런데 후지산에서 판매되는 페트병 생수의 가격은 얼마일까요?

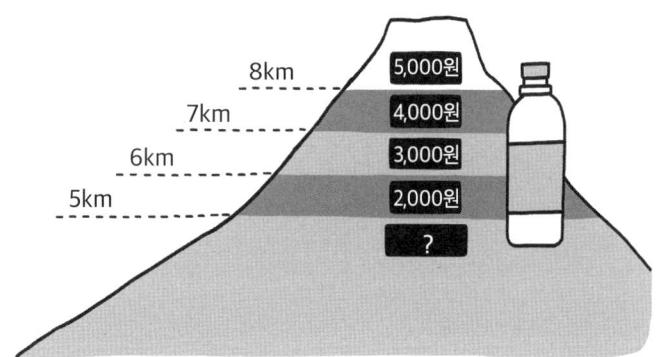

후지산 정상에 있는 자판기에서 파는 생수 가격은 4,650원(2024년 시점)입니다. 그리고 재미있는 것이 산의 고도가 높아질수록 음료의 가격도 비례해서 비싸진다는 점입니다. 산 위까지

운반하는 비용을 생각하면 충분히 수긍이 가는 가격입니다. 시장에서 유통되는 1,000원대의 생수도 특수한 곳에서는 비싸게 판매됩니다. 비싼 가격이어도 '사고 싶다', '마시고 싶다'라는 마음이 생기는 이유는 부가 가치가 높기 때문입니다.

우리가 무심코 지나치는 모든 것에는 부가 가치가 숨겨져 있습니다.

세 가지 종류의 가치
부가 가치, 기존 가치, 불필요 가치

 부가 가치는 왠지 전문가만 다루는 영역이라는 선입견이 있는 것 같습니다. 그러나 지금까지 살펴본 사례들처럼 관점을 조금만 바꿔도 부가 가치는 새롭게 만들어집니다. '대상'을 달리하거나 '장소'를 바꾸는 것만으로도 부가 가치를 창출할 수 있습니다. 물론 '부가 가치'에 대한 사람들의 평가는 제각각입니다. 예전에 지인에게 "부가 가치라고 하면 어떤 이미지가 떠오르세요?"라고 물었더니 이런 대답이 돌아왔습니다.

 "카레나 라멘에 추가하는 토핑이요. 카레를 주문할 때 크로켓이나 채소를 토핑으로 얹잖아요. 그게 곧 부가 가치 같아요."

 토핑이 추가되면서 가치가 높아진다는 의미인데, 어느 정도 일리가 있는 답입니다. 하지만 '무언가가 더해졌다 = 곧 부가 가치'라는 공식이 언제나 성립하는 것은 아닙니다. 예를 들어, 자동차에 여러 기능이 탑재되어 있어도 실제로 사용하지 않는다면 그것은 저에게 부가 가치가 되지 못합니다. <mark>결국 부가된 요소가 '부가 가치'로 작동할 수도 있지만, 때로는 오히려 '불필요한 가치'로 전락할 수도 있습니다.</mark>

세 가지 가치의 정의는?

지금부터는 부가 가치의 '개념'이 무엇인지를 살펴보겠습니다. 일반적으로 기업이 생산활동을 통해 창출한 새로운 가치를 '부가 가치'라 하며, 보통 다음 두 가지 방식으로 계산합니다.

공제법: 부가 가치 = 매출액 - 외부 구입 가치

가산법: 부가 가치 = 인건비 + 금융비용 + 감가상각비 + 임차료 + 제세 공과금 + 경상이익

어쩐지 복잡하고 어렵게만 느껴지시죠? 걱정하지 않으셔도 됩니다. 이 책에서는 '부가 가치'를 훨씬 쉽게 정의하려고 합니다. 바로 '기존 가치와의 비교'를 통해 부가 가치에 대한 정의를 내려

보도록 하겠습니다.

기존 가치: 예상 범위 내의 가치
부가 가치: 예상을 뛰어넘는 가치

기존 가치는 이미 존재하는 가치입니다. 예를 들어, '전차가 정각에 도착한다', '가게에서 극진한 서비스를 받는다'라는 것은 일본인에게는 당연한 일이기에 기존 가치로 여겨집니다. 그러나 외국인 관광객에게는 부가 가치로 평가될 수 있습니다.

즉, 그것이 예상 범위 내인지, 기대 이상인지를 판단하는 주체는 언제나 그 가치를 체험한 '당사자'입니다. 제공된 결과물에 대한 평가는 고객만이 내릴 수 있는 것이지요. 가치를 제공하는 사람은 이를 경험할 대상을 생각하며, 기존 가치와 부가 가치를 최선을 다해 전달하려고 합니다.

그러나 제공자가 '이건 분명 부가 가치다'라고 확신하더라도, 상대가 그렇게 느끼지 못한다면 그것은 결국 '쓸모없는 가치'가 되고 맙니다. 저는 이를 불필요 가치라 정의합니다.

정리하면 다음과 같습니다.

세 가지 가치

기존 가치: 예상 범위 내의 가치

부가 가치: 예상을 뛰어넘는 가치

불필요 가치: 부가 가치의 기능을 상실한 것

사전에서는 가치를 다음과 같이 정의하고 있습니다.

① 사물이 쓸모가 있는 정도, 값어치

② 상품이 가지고 있는 교환 가치의 본질이 되는 것

③ 『철학』 모든 개인과 사회를 통틀어 관심의 대상 또는 목표가 되는 성질

이 책에서 다루려는 주제는 주로 ①의 가치, 즉 '쓸모'와 관련된 부분입니다. 가치는 본래 쓸모가 있어야 하며, 그중에서도 예상을 뛰어넘는 긍정적인 가치가 바로 부가 가치입니다. 예를 들어, 우리에게 익숙한 니토리(인테리어 브랜드로 주력 상품군은 생활 잡화 및 가구-역자) 광고에 나오는 "오, 가성비 꿀템!"이라는 문구는 부가 가치를 강조하는 대표적인 캐치프레이즈라 할 수 있습니다.

그러나 모든 부가된 가치가 곧 부가 가치로 작용하는 것은 아닙니다. 어떤 것은 부가 가치로 기능하지만, 어떤 것은 오히려 불필요 가치로 전락하기도 합니다. 그렇기 때문에 상대방의 니즈와

특성을 깊이 분석하는 과정이 반드시 필요합니다.

   기존 가치, 부가 가치, 불필요 가치를 달리 바라보면 또 다른 방식으로 해석할 수도 있습니다.

기존 가치: 반드시 채워야 하는 합격선
부가 가치: 더 채울 필요는 없지만, 그 이상의 기쁨과 감동을 선사하는 것
불필요 가치: 있으나 없으나 달라지지 않는 것

   이해가 쉽도록 이 세 가지에 대한 설명을 마트 계산대 사례로 풀어보겠습니다.

   어느 마트에는 유독 손님에게 인기 있는 계산대가 있다고 합니다. 특정 점원이 계산대에 서면 사람들이 그쪽으로 더 많이 줄을 선다고 하는데, 그렇다고 정체로 줄이 길어지는 일은 없다고 합니다. 왜 그 점원이 계산하는 곳으로만 손님들이 몰리는 것일까요? 그것은 '부가 가치' 때문입니다.

   계산대를 찾는 손님의 목표는 단 하나, 최대한 '빠르게 결제하는 것'입니다. 따라서 계산대의 '기존 가치'는 신속한 결제 처리, 즉 반드시 충족해야 할 합격선입니다. 그런데 손님들이 몰린 그 계산대 점원은 단순히 손이 빠른 것만이 아니라, 거기에 플러스 알파가 더해져 있었던 것입니다.

- **'어서 오세요!' 밝은 인사**
- **기분 좋은 미소**
- **배려심이 느껴지는 센스 있는 말솜씨**

겉보기에는 사소해 보이지만, 그 점원에게 계산을 받으면 손님들의 기분이 한결 좋아졌다고 합니다. 이것이 바로 부가 가치입니다. 손님이 전혀 기대하지 않았던 '행복 바이러스'를 전해 준 것이지요. 기존 가치와 부가 가치의 차이는 바로 여기에 있습니다.

예상 외라니, 무슨 말이야?

부가 가치로 이어지는 '예상 밖'의 감정을 느끼게 하는 요소에는 어떤 것들이 있을까요.

【예상 밖의 것들】
- 처음 보고, 처음 알게 된 것(초면, 미지)
- 새로운 매력, 인지
- 기대를 뛰어넘는 양과 질
- 상상 이상의 행복
- 참신한 깨달음

- 색다른 분위기
- 강한 공감과 교감
- 깊은 이해
- 감격, 감동, 감탄 (서프라이스)
- 돌발적인 것

의미가 일부 겹칠 수는 있지만, '예상 밖'이란 바로 이런 요소들이 주는 감정에서 비롯됩니다. 다시 말해, 이러한 요소가 충족될 때 비로소 부가 가치가 만들어진다고 할 수 있습니다.

서양요리에 자주 활용되는 파슬리입니다.

이 파슬리의 존재는
'기존 가치'
'부가 가치'
'불필요 가치'
그중 어디에 속할까요?

파슬리가 요리의 '기존 가치'가 될 수는 없습니다. 손님이 주문한 것은 크로켓, 돈가스, 새우튀김이므로 파슬리가 없어도 요리는 충분히 성립하기 때문입니다.

그렇다면 파슬리는 '부가 가치'일까요, '불필요 가치'일까요?

사실 어느 한쪽으로 단정하기는 어렵습니다. 파슬리의 의미를 알고 또 그것을 좋아하는 사람에게는 분명 부가 가치가 됩니다. 하지만 파슬리가 왜 곁들여 나왔는지 모르거나, 이유를 안다 해도 그것을 싫어한다면 파슬리는 불필요 가치가 되고 맙니다.

친구와 함께 서양요리를 먹으러 갔을 때의 일입니다. 친구는 튀김모둠 정식을 주문했는데 곁들여 나온 파슬리는 손도 대지 않고 남겼습니다.

"파슬리는 왜 안 먹어?" 라고 묻자, 친구는 "쓰고 맛이 없어서 있어도 먹지 않아."라고 대답했습니다. 사실 친구뿐 아니라 많은 사람이 파슬리를 먹지 않는 경우가 많습니다. 이유도 제각각이지요. "맛이 써서", "굳이 먹을 필요가 없어서", "재사용할 것 같아 불안해서" 등 다양한 이유를 댑니다.

저는 파슬리를 싫어하지 않아 먹는 편이지만 늘 궁금했습니다. 그렇다면 왜 파슬리를 곁들이는 걸까?

예를 들어, 돈가스에 곁들여 나오는 양배추는 돈가스와 잘 어울릴 뿐 아니라 좋아하는 사람도 많아 무한 리필까지 제공하는 곳도 있습니다. 그러나 파슬리를 무한 리필해 준다는 얘기는 들어본 적이 없습니다. 파슬리든 양배추든 결국 메인 요리에 부가가치를 더하기 위해 곁들여진 것일 텐데 말이지요.

드러내지 않으면 없는 것이 된다

양식에 파슬리가 곁들여지게 된 데는 나름의 이유가 있습니다.

- 요리의 색감을 돋보이게 하고,
- 살균 작용·소화 촉진·잡내 제거 효과가 있으며,
- 맛 자체도 좋기 때문입니다.

이런 사실을 얼마나 많은 사람이 알고 있을지는 알 수 없습니다. 그러나 바로 이러한 장점 덕분에 파슬리는 꾸준히 요리에 활용되어 왔습니다. 그럼에도 양배추는 환영받는 반면, 파슬리는 여전히 호불호가 갈리는 경우가 많습니다.

그 차이는 어디에서 비롯될까요? 첫 번째 이유는 바로 맛에 대한 선호 차이입니다. 사람마다 입맛은 다르기 마련이죠. 사실 양배추와 파슬리를 곁들이게 된 데는 각각의 분명한 이유가 있지만, 그 이유가 널리 알려지지 않다 보니 '맛의 선호 여부'가 평가 기준이 되어 버린 것입니다. 따라서 파슬리를 곁들이는 이유와 그 가치가 충분히 알려질 필요가 있습니다. 가게에서는 분명 '부가 가치'로 내놓지만, 손님에게는 '불필요 가치'로 받아들여지는 지금의 상황이 아쉬울 따름입니다.

　비슷한 사례는 우리 주변에서도 쉽게 찾을 수 있습니다. 이는 결국 '부가 가치를 제대로 알리지 못한 문제'에서 비롯됩니다. 예를 들어, 직장에서 자료 작성을 맡았다고 가정해 보겠습니다. 완성도를 높이기 위해 세세한 부분까지 정성을 기울였지만, 동료들이 그 노력을 알아차리지 못한다면 그 부분은 곧 '불필요한 가치'로 치부되고 맙니다. 분명 부가 가치를 만들기 위해 시간을 들였는데, 정작 부가 가치로 인식되지 못한다면 그 노력은 허무하게 사라지고, 결국 남는 것은 시간 낭비의 흔적뿐입니다.

　직장이나 일상에서 '굳이 말하지 않아도 알겠지.'라고 생각하는 것은 큰 착각입니다. 인간은 표현해 주어야만 이해할 수 있는 존재이기 때문입니다.

　부가 가치 역시 마찬가지입니다. 드러내고 어필해야만 비로소 전달됩니다. 파슬리도 그렇습니다. 어차피 음식에 곁들일 것이라면, 그 의미를 제대로 알릴 필요가 있습니다. 메뉴 한쪽에 작은 글씨로라도 효능을 적어 둔다면, 손님들의 시선이 달라지고, 파슬리를 먹지 않는 사람도 줄어들지 않을까요?

일상생활과 삶에 도움이 되는 부가 가치

이 책의 주제는 '부가 가치'입니다. 흔히 부가 가치라고 하면 상품개발이나 마케팅 전문가들만 다루는 영역처럼 여겨져 어렵게 느껴지곤 합니다. 하지만 부가 가치는 우리의 생활 전반에 스며 있습니다. 따라서 부가 가치를 만드는 기술을 익혀 두면 직장뿐 아니라 일상에서도 유용하게 활용할 수 있으며, 불필요한 낭비도 줄일 수 있습니다. 실제로 좋은 상품과 서비스가 있음에도 불구하고 부가 가치를 제대로 만들어내지 못해 그 매력을 전달하지 못하는 사례가 적지 않습니다.

제가 이 책을 쓰게 된 이유도 여기에 있습니다. 부가 가치를 만들어내면 삶은 더욱 풍요롭고 즐거워질 수 있습니다. 하지만 여전히 많은 사람은 부가 가치를 자신과는 거리가 먼, 전문가들만 다루는 고상한 영역으로 생각하는 듯합니다. 저는 부가 가치가 결코 특별한 것이 아니라 일상 속에서도 충분히 활용할 수 있다는 점을 알리고 싶었습니다. 독자들이 부가 가치를 좀 더 친숙하고 편안하게 받아들일 수 있기를 바라는 마음으로 이 책을 집필했습니다.

- **AI를 활용한 새로운 서비스 구축**

- **최첨단 기술을 통한 글로벌 과제 해결**
- **우주 산업에 대한 부가 가치 창출**

부가 가치는 사업 영역에만 국한되지 않습니다.

'고객을 어떻게 끌어올까?', '새로운 애완동물 용품을 만든다면 무엇이 좋을까?', '업무 성과를 높이려면 어떤 방법이 효과적일까?'와 같은 고민 속에서도 부가 가치는 중요한 역할을 합니다. 직장에서 부가 가치를 창출하는 방법을 알지 못한다면, 일이 원활하게 진행되지 않거나 어딘가 아쉬움이 남기 쉽습니다. 업무는 본질적으로 '작업'과 '부가 가치 창출'로 이루어지기 때문입니다. 특히 부가 가치가 담긴 결과물은 곧 성과로 이어지고, 더 나아가 높은 평가로 연결될 가능성이 큽니다.

이에 대한 구체적인 이야기는 뒤에서 자세히 살펴보겠습니다.

당신의 일은 어떤 가치를 만들고 있는가

저는 오랫동안 출판 업계에서 편집자로 일하며, 수많은 책을 기획하고 만들어 왔습니다.

그 덕분에 종종 이런 질문을 듣습니다.

"편집자는 책을 만드는 사람인가요?"

"웹 미디어를 운영하는 분인가요?"

"잡지를 기획하는 건가요?"

모두 맞는 말입니다. 하지만 저는 편집자의 역할을 한마디로 이렇게 정의합니다.

"편집이란 부가 가치를 만들어내는 일이다."

저는 편집 과정을 부가 가치를 발굴하고, 다듬고, 전달하는 세 단계로 이해합니다. 이 세 가지가 곧 부가 가치를 만들어내는 핵심 요소입니다.

편집 작업의 세 단계

저는 편집하면서 쌓은 '부가 가치를 높이는 노하우'를 바탕으로 출판계를 넘어 다양한 분야에서 부가 가치를 만드는 일을 돕고 있습니다. 또 한 가지, 제가 평생 하고 싶은 일이 있습니다. 막연하고 어렵게 느껴지는 개념과 내용을 누구나 쉽게 이해할 수 있도록 전달하는 역할입니다. 저는 이 작업을 '캐주얼화'라고 부릅니다.

지금까지 저서 『생각하는 기술의 캐주얼화』, 『전달하는 기술의 캐주얼화』, 『시간 가치의 캐주얼화』 등을 통해 그 목표를 실천해 왔습니다. 책은 '부가 가치의 캐주얼화'를 한층 쉽게 풀어내는 데 초점을 맞추었습니다.

'부가 가치의 캐주얼화'가 무엇일까요? 지금부터 부가 가치의 핵심을 차근차근 설명해, 누구나 편안하게 이해할 수 있도록 안내하겠습니다.

평범함이 만들어내는 의외의 부가 가치

구체적인 내용에 들어가기 전에 제 이야기를 조금 들려드리겠습니다. 지금은 책을 쓰고 강연도 하지만, 20대 시절의 저는 자신감이 부족해 늘 고민이 많았습니다.

'나는 잘하는 게 없어. 주변엔 능력 있고 대단한 사람들뿐인데, 왜 나만 늘 이 모양일까.' 이런 생각에 사로잡힐수록 점점 더 위축되곤 했습니다.

졸업을 앞두고 치른 입사 시험에서는 특히 집단면접이 힘들었습니다. 자신감이 부족했던 저는 개성 넘치는 다른 지원자들에게 기가 눌려 제대로 자기 PR 한번 해 보지 못한 채 매번 불합격의 고배를 마셨습니다. 그중에서도 오래전부터 꿈꾸던 한 회사의 집단면접 경험은 지금도 생생히 기억에 남아 있습니다.

다섯 명의 지원자가 한 조를 이루어 면접을 보게 되었는데, 그 자리에서 면접관이 우리에게 이렇게 말했습니다.

"순서대로 자기 PR을 해 보세요."

면접에서 흔히 나오는 질문이었지만, 제게는 참으로 고역스러운 순간이었습니다. 왜냐하면 스스로 내세울 만한 것이 없다고 생각했기 때문이었죠. 저는 다섯 번째, 마지막 순서였습니다.

첫 번째 지원자가 이렇게 말했습니다.

"대학 체육대회 때 미식축구 주전으로 활약했습니다."

그 말을 듣는 순간, 속으로 '아, 나는 탈락이겠구나.'라는 생각이 번개처럼 스쳤습니다.

'이 사람과 경쟁해서는 도저히 이길 수 없다.'

제 마음속 목소리는 이미 패배를 선언하고 있었습니다.

다음 지원자는 이렇게 말했습니다.

"1급 소형 선박 면허를 가지고 있습니다. 취미가 자격증 취득이다 보니 이 밖에도 ○○와 ○○ 등 10개 이상의 자격증을 보유하고 있습니다."

그 말을 듣는 순간, 제 마음속에는 불합격이라는 확신이 강하게 밀려왔습니다.

'아, 이런 사람과 경쟁한다면 나는 당연히 떨어지겠지.'

앞서 자기소개를 마친 네 명의 지원자에게 저는 이미 스스로 완패를 인정하고 있었습니다. 그 자리에서 제가 무슨 말을 했는지는 솔직히 기억나지 않습니다. 다만 초라한 자신을 자책하며

면접장을 떠날 때 느꼈던 그 씁쓸한 기분만은 지금까지도 잊히지 않습니다.

저는 늘 남들보다 뛰어나지 못한 자신을 미워하며 살아왔습니다. 내가 선망하는 대상은 '잘나가는 사람', 그런데 나는 그저 평범한 사람이라는 생각에 자신감이 없었습니다. 이런 생각에 사로잡힌 채 사회생활을 시작하다 보니 자연스럽게 단점만 크게 보이는 습관이 생겼고, 점차 그 부정적인 감정에 지배당하게 되었습니다.

'직장에서의 나는 진짜 내가 아니야. 진짜 나는 퇴근 후에야 비로소 드러나. 일은 우울하니… 가능한 한 최소한만 하고 싶다.'

그렇게 하루하루를 겨우 버텨내며 살았습니다. 그렇다고 일을 그만둘 수도 없었습니다.

그러던 어느 날, 저는 뜻밖의 사실을 깨달았습니다. 회사에서 '일 잘한다'는 평가를 받는 사람들 중에는 의외로 평범한 사람들이 많다는 것이었습니다. 저는 오랫동안 '겉으로 보기에 개성이 넘치고 스펙이 뛰어난 사람만이 일을 잘한다'고 믿어왔습니다. 그런데 그 생각이 점차 흔들리기 시작했습니다. 그래서 회사에서 인정받는 직원들에게 직접 물어보기로 했습니다.

"이렇게 일을 잘하시는데, 혹 특별한 스펙을 갖고 계신가요?"

그런데 돌아온 답은 하나같이 뜻밖이었습니다.

"아닙니다, 그저 평범해요. 하지만 고객들도 대부분 우리처럼 평범하잖아요. 그래서 오히려 평범한 내가 그들의 마음을 더 잘 이해할 수 있는 거죠. 평범함도 강력한 무기가 될 수 있는 겁니다."

그 말을 듣는 순간, 마치 머리를 세게 얻어맞은 듯한 충격이 밀려왔습니다. 그리고 그제야 깨달았습니다. 나는 그동안 얼마나 좁고 편협한 기준 속에 갇혀 있었는지를.

'평범은 강점이었구나!'

그날을 기점으로 제 삶은 180도 달라지기 시작했습니다.

'나에게는 평범함이라는 자산이 있다.'

마치 귀한 보물을 발견한 듯한 기분이 들었습니다. 갖지 못한 것을 좇으며 갈망할 것이 아니라, 이미 내 안에 있는 부가 가치를 발전시킨다면, 그것만으로도 충분한 경쟁력이 될 수 있다는 사실을 깨달은 것입니다.

그때부터 일을 대하는 제 태도는 완전히 달라졌습니다. 일에서 재미와 보람을 느끼게 되었고, 부가 가치를 발견하면서 인생 자체가 달라졌습니다.

이 깨달음은 직장 생활에만 국한되지 않습니다. 부가 가치는 인생 전반에 존재하며, 그 중요성을 인식하고 차곡차곡 쌓아간다면 삶은 훨씬 더 풍요로워질 것입니다. 부가 가치는 사람에게도, 상품이나 서비스에도 두루 적용됩니다.

작업에 '부가 가치' 더하기

앞서 저는 편집이 부가 가치를 창출하는 직업이라고 말씀드렸습니다. 그러나 이는 편집자에게만 국한된 이야기가 아닙니다. 사실 모든 직업은 크든 작든 부가 가치와 긴밀하게 연결되어 있습니다.

"일이란 무엇인가?"라는 질문을 받는다면, 여러분은 어떻게 답하시겠습니까?

아마도 '나의 시간과 체력, 지적 능력을 들여 그 대가를 얻는 것' 혹은 '생계를 위한 수단'이라고 말씀하실지도 모릅니다.

일의 정의는 무엇일까요? 사전에서는 '일'을 다음과 같이 정의합니다.

① 어떤 것을 이루거나 성취하기 위한 행동
② 생계를 유지하기 위해 종사하는 행위, 직업
③ 어떤 행동의 결과나 업적

이 밖에도 여러 의미가 있지만, 지금 이 책의 내용과 관련된 부분만 발췌했습니다.

우리가 흔히 "무슨 일을 하세요?"라는 질문을 받을 때 대부분은 자신의 직업이나 직책을 이야기합니다. 이는 사전 정의의 ②번에 해당하지요. 그렇다면 만약 ①번의 의미로 같은 질문을 받는다면, 여러분은 어떻게 대답하시겠습니까?

저라면 ②번의 의미일 경우 이렇게 말할 것입니다.

"회사에서는 편집부를 책임지는 임원으로 일하고 있습니다. 동시에 책을 쓰는 작가이며, 컨설팅과 강연도 병행하고 있습니다."

하지만 ①번의 의미로 묻는다면 대답은 달라집니다.

"저는 부가 가치를 발견하고, 그것을 다듬어 사람들에게 전하는 일을 하는 사람입니다."

이 말은 곧 제가 생각하는 '편집'이라는 일의 정의를 그대로 옮긴 것입니다. 생각해 보면, 세상의 모든 직업은 부가 가치를 만든다는 공통점을 가지고 있습니다. 예를 들어, 건설업에 종사하는 사람은 건물을 지어 그 건물을 이용하는 사람들에게 부가 가치를 제공합니다. 음식점에서 일하는 사람은 요리를 통해 고객에게 맛과 만족이라는 부가 가치를 전달합니다. 그렇게 보면 일이란, 결국 부가 가치를 창출하는 행위라고 정의할 수 있지 않을까요?

그런데 일에는 또 하나의 중요한 요소가 있습니다. 바로 '작업'입니다.

작업 + 부가 가치 만들기 = 일

결론적으로 일이란 '작업'과 '부가 가치를 만드는 활동'이 결합된 것이라고 할 수 있습니다.

작업에 단순히 들이는 시간보다 부가 가치를 창출하는 시간이 길수록 그 사람은 자신만의 업무 영역을 구축했다고 평가할 수 있습니다. 그리고 일을 잘하는 사람일수록 바로 이 '부가 가치의 영역'에서 뛰어난 역량을 발휘합니다.

고액 연봉을 원한다면, 자신이 제공하는 업무의 부가 가치를

일은 두 개의 시간으로 성립

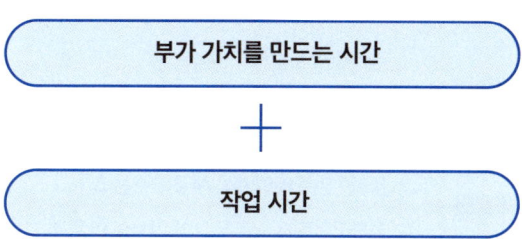

높여야 합니다. 성과를 내고 싶다면 부가 가치가 담긴 결과물을 만들어야 하고, 영업 실적을 올리고자 한다면 고객에게 더 큰 부가 가치를 제공해야 합니다. 관리자의 입장이라면 팀 전체가 높은 부가 가치를 창출할 수 있도록 이끌어야 하겠지요.

영업직, 서비스직, 마케팅, 컨설팅, 제조업, 총무, 경리 등 어떤 직종이든 곰곰이 들여다보면 결국 '부가 가치를 만들어내는 일'이라 할 수 있습니다. 물론 예외적으로 부가 가치를 만들어낼 필요가 없는 일도 존재합니다. 하지만 그런 일은 대개 단순 반복에 머물 가능성이 크며, 결국에는 쉽게 대체될 수밖에 없습니다.

일이란 곧 부가 가치를 만드는 것. 이렇게 '재정의'해 보면, 우리는 세상을 전혀 다른 시각으로 바라볼 수 있습니다.

이제 당신이 하는 일을 '내 일의 부가 가치는 무엇일까?'라는 관점에서 정의해 보세요.

영업직의 재정의 →　× 고객에게 **상품을** 판매하는 일
　　　　　　　　　○ 고객이 기뻐하는 부가 가치를 제공하는 일

컨설팅의 재정의 →　× 클라이언트의 과제를 해결해 주는 일
　　　　　　　　　○ 클라이언트가 새로운 부가 가치를 만들 수 있도록 돕는 일

업무 능력을 높이고 싶다면, 반드시 부가 가치를 따져보는 습관을 길러야 합니다.

높은 부가 가치를 일의 중심에 두라

일본의 유명 우동 프랜차이즈 마루가메제면丸亀製麵은 단순히 맛있는 음식을 제공하는 데 그치지 않고, '감동 체험'을 경영의 핵심 가치로 내세우고 있습니다. 이 브랜드를 만든 창업자이자 토리돌홀딩스 대표이사인 아와타 다카야粟田貴也 씨는 저서에서 이렇게 말합니다.

"작은 야키토리 가게에서 출발한 '토리돌'이 오늘날 이만큼 성장할 수 있었던 이유는 두 가지입니다. 첫째, 프랜차이즈를 확장

하면서 '감동'이라는 체험 가치를 브랜드의 중심에 두고 끝까지 지켜왔다는 점입니다. 마루가메제면 1호점이 문을 연 이래 모든 매장에서 직접 반죽한 면을 즉석에서 삶아 제공하는 방식을 고수해 왔습니다.

'비효율적이다', '중앙 조리실 방식이 더 낫다'라는 비판도 있었지만, 우리는 결코 미리 면을 뽑아두거나 조리하지 않습니다. 왜냐하면 갓 뽑은 우동을 즉석에서 삶아내는 것은 우리만이 줄 수 있는 특별한 감동이며, 동시에 마루가메제면의 차별화된 강점이라고 확신하기 때문입니다."

마루가메제면이 진정으로 추구한 것은 단순히 '맛있는 우동'이 아니라, '감동 체험'을 제공하는 것이었습니다. 물론 그 감동 체험 속에는 '맛있는 우동'도 포함되어 있습니다. 이처럼 '감동 체험의 제공'이라는 부가 가치는 다른 가게와 뚜렷하게 구분되는 마루가메제면만의 차별화된 강점이 되었습니다.

그렇다면 내 '일'의 중심에는 무엇을 두어야 할까요?

'부가 가치 제공'이라는 관점에서 바라본다면, 지금까지와는 전혀 다른 방식으로 행동하는 자신을 발견하게 될 것입니다. 시각을 달리하면 나만의 강점과 차별화 포인트가 자연스럽게 드러나게 되지요.

부가 가치란 무엇인가? 일에 관한 고민은 바로 이 질문에서 출발해야 합니다!

성공을 이끄는 결정적 차이, 부가 가치

편집자라는 제 직업적 특성상, 저는 업계에서 손꼽히는 경영자와 크리에이터, 운동선수, 아티스트, 직업 장인을 비롯해 아직 세상에 널리 알려지지 않았지만 앞으로 큰일을 해낼 인물들까지 정말 다양한 사람들을 가까이에서 만날 기회가 많았습니다. 그들과 대화할 때마다 이런 생각이 들곤 했습니다.

'이 사람은 도대체 무엇이 이렇게 특별한 걸까?'

세상을 뒤흔든 제품을 만든 사람, 눈에 띄는 성과를 만들어낸 영업 사원, 사회 문제 해결에 앞장선 사업가, 대중의 마음을 사로잡은 콘텐츠 제작자….

분야는 다르지만 자기만의 방식으로 비범한 결과물을 만들어낸 위대한 사람들에게는 어떤 공통점이 있을까? 이 질문에 대한 해답을 찾기 위해 오랫동안 관찰하고 고심하면서 저는 하나의 결론에 도달했습니다.

'성공한 사람은 부가 가치를 만들어내는 능력이 탁월하다!'

당연한 말처럼 들릴 수도 있지만, 제게는 매우 신선한 '재발견'이었습니다. 세상을 놀라게 할 만한 제품을 만든 사람도, 탁월한 영업 성과를 거둔 사람도, 대중의 마음을 사로잡은 콘텐츠 제작자도 그 본질을 들여다보면 모두가 '부가 가치를 탁월하게 창출한 사람들'이었습니다.

그리고 이 능력은 거창한 성공을 거둔 사람들만이 가진 특별한 역량이 아니었습니다. 각자의 자리에서 묵묵히 인정받는 사람들 역시 예외 없이 '부가 가치를 만들어내는 힘'을 가지고 있었습니다. 결국 이 책에서 전하고자 하는 메시지는 단순합니다.

성공을 원한다면, 부가 가치를 창출할 수 있어야 한다!

하지만 막상 '부가 가치를 만들자'라는 말은 추상적이고 막연하게 느껴집니다. '도대체 어디서부터 시작해야 할까?'라는 질문이 자연스럽게 뒤따르지요.

바로 그 질문에 답하기 위해 이 책을 쓰게 되었습니다. 이 책이 지금까지 없었던 '부가 가치를 만드는 기술'을 체계적으로 배울 수 있는 실질적인 교재가 되기를 바랍니다.

일의 실패는 부가 가치
부족에서 시작된다

어느 날, 전철에 앉아 멍하니 창밖을 바라보다가 우연히 한 광고가 눈에 들어왔습니다.

부엌 클리닝 서비스를 홍보하는 판촉물처럼 보였는데, 이런 문구가 적혀 있었습니다.

- 지금만 50% 할인
- 정가 ○○○○원 → 행사가 ○○○○원
- 포인트 3배 적립
- 클리닝 후 깨끗해진 정도를 측정하여 효과 검증

그 광고를 보는 순간, 제 머릿속에는 자연스럽게 이런 질문이 떠올랐습니다.

'이 서비스의 진짜 부가 가치는 무엇일까?'

대부분의 사람은 부엌 클리닝의 '정가'를 알지 못합니다. 따라서 정가 대비 50% 할인된 가격이 정말 저렴한 것인지 판단하기가 어렵습니다. 게다가 '청소 효과를 검증한다'고는 하지만 광고를 보는 사람들은 정작 자신의 부엌이 얼마나 오염되었는지 알지 못합니다. 그런 상황에서 '효과 검증'이라는 말이 얼마나 와닿을 수 있을까요?

이 광고는 이미 부엌 청소를 의뢰할 마음을 먹고, 서비스 견적까지 알아본 사람에게만 유용해 보였습니다. 결론적으로 극히 제한된 사람에게만 유익한 정보인 셈이죠. 부족한 부가 가치가 광고 예산을 '낭비'하는 결과를 초래한 것입니다.

> **부가 가치 부족 → 낭비 발생**

지금까지 여러 번 강조한 내용입니다. 부가 가치가 부족하면 여러 가지 애로사항이 발생하게 됩니다.

- **부가 가치의 부재로 자사 상품의 판매 실적이 부진한 경우**

- 고객에게 부가 가치를 전달하지 못해 가격 경쟁에 시달리는 경우
- 회의에서 제안한 아이디어가 부가 가치 부족으로 채택되지 못한 경우
- 자신의 부가 가치를 발견하지 못해 자존감이 떨어진 경우
- 강점(부가 가치)과 매력을 제대로 표현하지 못해 취업에서 고전하는 경우
- 매력(부가 가치)을 보여주지 못해 연애에서 실패하는 경우

이것은 단지 일부 사례에 불과합니다. 부가 가치가 약하거나 제대로 드러나지 않으면, 우리는 곧바로 다양한 불리한 상황에 직면하게 됩니다.

오늘날은 소비가 끊임없이 이어지고, 유행이 눈 깜짝할 사이에 사라지는 시대입니다. 잠시만 방심해도 금세 외면받기 쉽습니다. 그래서 대부분의 기업과 자영업자는 상품과 서비스(사람까지 포함해)에 담긴 정보를 소비자에게 전달하기 위해 온갖 수단과 방법을 총동원합니다. 그야말로 '전달 전쟁', '관심 전쟁'이라 부를 만큼 치열한 경쟁이 벌어지고 있는 것이지요.

이럴 때 '부가 가치'는 가장 강력한 무기가 됩니다. 부가 가치는 단순한 정보 전달을 넘어 메시지를 효과적으로 전하고, 사람들의 시선을 사로잡는 힘을 지니고 있습니다. 게다가 쉽게 공유된다는 특성 덕분에 SNS 시대에는 없어서는 안 될 핵심 요소로 자리매김하고 있습니다.

부가 가치를
현실로 만드는 전략

누구나 당장 시작할 수 있는
부가 가치

 어느 날 한 가게에 들렀는데 바나나잼이 눈에 들어왔습니다. 바나나를 워낙 좋아하는 저는 그냥 지나칠 수가 없었죠. 바나나잼을 한참 바라보고 있으니 점원이 다가와 말을 건넸습니다.
 "이 잼은요, 저희 사장님이 모국에서 직접 배워 온 레시피로 만든 거예요."
 정말인가? 그렇다면 사장님의 모국은 어디일까? 호기심이 일어나 이것저것 물어보다가 결국 그 자리에서 바로 구매했습니다. 집에 돌아와 빵에 발라 먹어보니 맛이 기가 막히더군요. 지금은 우리 가족 식탁에서 빠질 수 없는 필수품이 되었습니다.

원래 바나나를 좋아했기에 흔치 않은 바나나잼을 발견한 것만으로도 즐거웠는데, 여기에 점원의 짧은 '스몰 토크'가 더해지니 호기심은 몇 배로 커졌습니다. 바로 그 짧은 대화가 바나나잼의 부가 가치를 높여준 것입니다. 저는 이렇게 작은 이야기를 덧붙이는 방식을 '스몰 토크 플러스'라 부르는데, 이는 부가 가치를 창출하는 대표적인 기법이라 할 수 있습니다.

이 방법은 매대 광고와 같은 영역에서도 활용할 수 있습니다. 짧은 스몰 토크를 곁들이는 것만으로도 부가 가치는 만들어집니다.

예를 들어, 누군가에게 친구를 소개할 때를 떠올려보세요. 그 친구와 함께했던 짧은 에피소드를 덧붙여 소개한 적이 있지 않으신가요? 이것 역시 '스몰 토크 플러스'입니다. 이러한 방식은 친구의 성격을 더욱 생생하게 드러내 주어 소개받는 사람이 자연스럽게 호감을 느끼게 합니다.

저 역시 누군가를 소개할 때 가능하다면 늘 그와의 짧은 에피소드를 함께 곁들이곤 합니다. 사소한 스몰 토크 하나가 상대방의 매력과 개성을 더욱 선명하게 드러내 주기 때문입니다.

스몰 토크가 부가 가치로 이어지는 이유는 바로 '해상도를 높여주는 힘'에 있습니다. 해상도가 선명해지면 이해도가 깊어지고, 이는 자연스럽게 관심과 호기심으로 확장됩니다.

저는 목욕을 무척 중요하게 여기는 편입니다. 하루에 두 번씩 탕에 들어갈 정도니까요. 실제로 욕실에 관한 스몰 토크에 이끌려 집을 계약한 적도 있습니다. 당시 부동산 중개사가 이렇게 집을 소개했습니다.

"이 집의 매력은 정성 들여 지은 욕실에 있어요. 큰 창을 통해 하늘을 바라보며 몸을 담그면 마치 노천탕에 온 듯한 기분을 느낄 수 있죠. 예전에 이와 비슷한 구조의 집을 소개해 드린 적이 있었는데, 그분이 나중에 이런 말씀을 하셨어요. '매일 목욕하는 시간이 행복합니다. 굳이 온천에 가지 않아도 될 정도예요.' 이 집에서도 그런 기분을 충분히 누리실 수 있을 겁니다."

저는 그 말을 들으며 따뜻한 욕조에 몸을 담근 채 하늘을 바라보며 여유를 만끽하는 장면이 제 머릿속에 그려졌습니다. 짧은 이야기 하나 덕분에 집의 매력이 훨씬 선명해졌고, 호감도 역시 자연스럽게 높아졌습니다. 어쩌면 제가 그 집을 계약하게 된 것도 바로 이 '스몰 토크 플러스' 덕분이었는지도 모릅니다.

이처럼 짧은 이야기를 곁들이는 것만으로도 기존의 가치가 새로운 부가 가치로 전환될 수 있습니다.

작은 배려가 큰 가치를 만든다

부가 가치 만들기가 생각보다 쉽다고 하면, 종종 이런 반응이 돌아옵니다.

"평소에 아이디어를 많이 내고 새로운 도전에 익숙한 사람에겐 쉬울지 몰라도, 저는 그런 경험이 없어서 어렵게만 느껴져요."

실제로 "지금 당장 부가 가치를 만들어보세요."라는 요청을 받으면 대부분은 당황합니다. 부가 가치는 전문적인 지식이 있어야만 만들 수 있다는 고정관념 때문이지요. 하지만 저는 이렇게 말합니다.

"어렵게 생각하지 마세요."

예전에 서비스 업계의 카리스마로 불리던 사람에게 이런 이야기를 들은 적이 있습니다.

"가게에 들어온 손님에게 "편한 자리에 앉으세요."라고 말로만 하는 직원이 있는데, 그건 잘못된 서비스라고 생각해요. 손님에게 가장 좋은 자리를 직접 안내해 주는 것이 서비스인 거죠."

맞는 말입니다. 손님 측에서는 가게 구조를 잘 모르기 때문에 단순히 "편한 자리에 앉으세요."라는 안내만으로는 어디가 좋은 자리인지 판단하기 어렵습니다. 특히 붐비는 시간대라면 더욱 그렇습니다. 직원이 손님의 상황을 재빨리 살피고 "이쪽 자리가 조용하고 편하실 거예요."라며 직접 안내해 준다면, 부가 가치는 훨씬 높아집니다.

자리 안내는 누구나 쉽게 시도할 수 있는 행동입니다. 작은 배려 하나로도 충분히 부가 가치를 만들어낼 수 있습니다.

스타벅스 '제3의 공간 The Third Place' 부가 가치

예전에 일본 군마현 다카사키시 高崎市에서는 도시 프로모션의 일환으로 '제츠 메시(사라져 가는 식사-역자) 프로젝트'를 추진한 적이 있었습니다.

이 프로젝트가 주목한 대상은 오랜 세월 지역 주민에게 사랑받아온 작은 식당들이었습니다. 값은 저렴하지만 맛은 뛰어나고, 그러나 주인장의 고령화나 후계자 부재로 폐업 위기에 놓인 가게들이죠. 조만간 사라질지도 모를 이 '추억의 맛'을 '제츠 메시'라는 이름으로 묶어 프로그램을 제작해 인터넷에 공개한 것입니다. '제츠 메시 프로젝트'는 단순히 음식을 소개하는 데서 그치지 않았습니다. 가게가 걸어온 역사, 사장님의 인생 역정, 그리고 손님들과의 추억까지 함께 담아냈습니다.

부가 가치를 만드는 '스토리텔링 기법'을 활용한 것입니다.

마케팅에서는 이러한 방식을 '내러티브_{narrative}' 혹은 '스토리 마케팅'이라고 부릅니다. '내러티브'란 본래 서사적 구조를 뜻하는 개념으로 마케팅 분야에서 자주 활용되는 기법입니다. 엄밀히 말해 '스토리'와 '내러티브'는 용법에 차이가 있지만, 여기서는 이 둘을 구분하지 않고 '서사적 접근'이라는 넓은 의미로 사용하겠습니다.

내러티브를 활용한 대표적 사례로는 스타벅스의 '제3의 공간 The Third Place' 전략을 들 수 있습니다. 집도 직장도 아닌, 안락한 제3의 공간을 제공한다는 이 내러티브는 전 세계 수많은 사람의 공감을 끌어냈습니다.

애플의 'Think Different' 캠페인, 나이키의 'Just Do It', 유니클로의 '라이프웨어 스토리 100' 역시 브랜드와 서사를 결합해 메시지를 전개한 대표적인 사례입니다.

내러티브의 강점은 사람들의 시선을 끌고, 오래 기억에 남도록 만든다는 점입니다.

매력적인 프롤로그 한 줄이 부가 가치를 바꾼다

막상 서사를 만들려고 하면 어디서부터 시작해야 할지 막막하게 느껴질 수 있습니다. 그래서 여기서는 도움이 될 만한 실용적인 기법 하나를 소개하려 합니다.

바로 '프롤로그화'입니다. '프롤로그prologue'는 본편에 앞서 이야기의 분위기를 잡아주는 도입부를 말합니다. 앞으로 펼쳐질 내용에 기대감을 불어넣거나 긴장감을 조성하는 역할을 하죠.

'프롤로그화'란 대상의 부가 가치를 높이기 위해 도입부를 더 매력적으로 설계하는 작업을 뜻합니다.

부가 가치를 높이기 위한 프롤로그화 작업에는 다음과 같은 요소들을 활용해 볼 수 있습니다.

- 왜 이 제품을 개발하려고 했는가? (뜨거운 열정)
- 이 제품은 어떤 사회적 의미를 갖는가? (필연성 구축)

- 아이디어는 어떻게 탄생했는가? (비하인드 스토리)
- 개발 과정에서 직면한 고난, 역경, 갈등, 좌절, 대립 (긴장감을 높이는 부정적 요소)
- 개발팀의 결속력과 협업 과정 (연대와 감동적 서사)
- 경쟁사와의 치열한 경쟁 (드라마틱한 긴장감)

서사를 만들 때는 요령이 필요합니다. 그중 하나가 의도적으로 부정적인 요소를 담아내는 것입니다. 많은 사람이 성공담만을 전하고 싶어 하지만, 그렇게 하면 오히려 감동은 옅어지고, 이야기는 밋밋해질 수 있습니다. 시련이 클수록 반전의 감동은 더욱 커지기 마련입니다. 부정적인 이야기는 긍정을 더 빛나게 만듭니다.

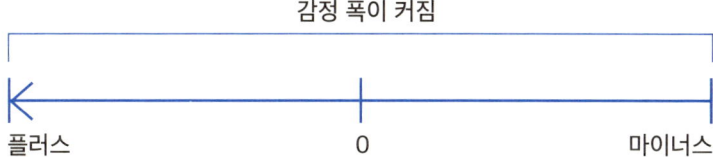

예전에 이런 이야기를 들은 적이 있습니다.

"아이 어릴 적 사진을 보면 대부분 웃거나 단체로 찍은 사진들뿐이에요. 그런데 이상하게 떼쓰고 울던 순간이 더 그립더라고요. 그런 모습이야말로 진짜 일상이었으니까요."

그럴 수 있습니다. 상품과 서비스의 프롤로그를 만들 때도 마찬가지입니다. 긍정적인 면만 부각하고 싶지만, 오히려 부정적인 요소를 함께 보여줄 때 긍정은 더욱 부각됩니다. 실패담을 먼저 들려주고, '그래서 지금처럼 성공할 수 있었다'라고 마무리하면 이야기는 훨씬 더 강렬하고 진정성 있게 전달됩니다.

부가 가치를 살리는 프롤로그화, 꼭 한번 활용해 보세요!

'일본에서 두 번째로 맛없는 가게'도 부가 가치가 될 수 있을까?

길을 걷다 우연히 본 라멘집 간판이 눈에 들어왔습니다.

'일본에서 두 번째로 맛없는 집!'

이게 무슨 말이지? 왜 굳이 맛이 없다고 쓴 걸까? 무슨 의도일까? 간판을 보며 여러 가지 생각이 스쳤습니다. 흥미로운 점은 이렇게 '부정적인 요소'를 앞세우는 방식이 의외로 다양한 분야에서 활용된다는 사실입니다. 대표적인 예로는 오래전 TV 광고에 등장한 유명한 카피가 있습니다.

'맛없어! 한 잔 더!'

이 광고는 당시만 해도 생소했던 건강음료 '녹즙'을 대중에 알리는 데 결정적인 역할을 했다고 합니다. '맛없어'라는 표현은 강한 임팩트를 줍니다. 라멘집 간판 '일본에서 두 번째로 맛없는 집'도 그런 이미지를 연출한 사례입니다.

이처럼 부정적인 요소를 드러내는 방식은 단순히 눈길을 끄는 데서 그치지 않습니다. '정말 그렇게 맛이 없을까?'라는 호기심을 자극하고, 막상 맛보았을 때 예상보다 괜찮거나 오히려 맛있다면 강력한 반전의 인상을 남길 수 있기 때문입니다.

이 밖에도 다음과 같은 효과를 기대할 수 있습니다.

- 유머와 자조적인 표현으로 고객과의 심리적 거리를 좁힌다.
- 모두가 '맛있다'라고 할 때 '맛없다'라는 표현은 강한 차별화가 된다.
- SNS 화제를 통해 입소문으로 확산할 가능성이 있다.

부가 가치는 전달되어야 비로소 의미를 가집니다. 아무리 훌륭한 부가 가치도 상대에게 닿지 않으면 결국엔 '불필요 가치'에 그치고 맙니다. 그래서 부가 가치는 '내'가 아닌 '상대방'의 관점에서 출발해야 합니다.

문제는 '전달 그 자체'가 가장 큰 과제라는 점입니다. 부가 가치에 시간과 노력을 기울였는데도 아무런 반응이 없다면 누구나 답답함을 느낄 수밖에 없습니다.

이럴 때 효과적인 해결책 중 하나가 바로 '임팩트화'입니다.

'임팩트' 있는 요소를 앞세우는 전략이죠. '일본에서 두 번째로 맛없는 가게'처럼 '네거티브'를 활용하는 방식도 '임팩트화'의 대표적인 예라 할 수 있습니다.

가성비 디저트 브랜드로 잘 알려진 샤토레제Châteraisé 역시 기간 한정으로 출시한 '쿠키 온 아이스'에서 부정적인 표현을 활용해 큰 주목을 끌었습니다. 당시 샤토레제는 신제품 아이스크림의 압도적인 맛과 양을 강조하기 위해 "일본에서 가장 못생긴 아이스크림, 오늘 출시!"라는 자극적인 문구를 내세워 언론에 공개했습니다. 그 결과 '정통 고급 디저트'의 이미지를 지켜오던 샤토레제에 새로운 변화의 바람이 불고 있다는 보도가 이어졌고, 소비자들의 호기심이 폭발하면서 해당 제품은 곧 완판되었습니다.

네거티브 표현을 활용한 '화제 만들기'의 정석입니다.

그러나 진짜 압권은 그다음이었습니다. 샤토레제는 단순히 강렬한 임팩트를 노리는 데 그치지 않고, 그 안에 브랜드가 지향하는 철학까지 담아냈습니다.

"못생긴 것도 맛있을 수 있습니다. 이번 제품은 최근 유행하는 '겉모습만 화려한 인스타그램용 디저트'에 대한 안티테제로 기획했습니다."

이처럼 네거티브 전략은 단순한 주목을 넘어 브랜드가 전달하고자 하는 부가 가치를 효과적으로 드러내는 수단이 될 수 있습니다. 특히 그 표현이 철학적 성찰을 담거나 반전의 메시지로 연결될 때, 소비자에게 훨씬 강력한 의미적 가치를 부여하게 됩니다.

'아파! [하지만] 효과는 좋아!'
'노화를 멈출 수는 없습니다. [하지만] 늦출 수는 있습니다'
'미치도록 맵다. [하지만] 멈출 수 없다'
'정말 힘들다. [하지만] 결과는 좋다'
'진부할 수 있습니다. [하지만] 그래서 명품입니다'

부정적인 표현 뒤에 [하지만]을 붙이면, 이어지는 긍정적 메시지가 한층 더 돋보입니다.

'임팩트화'는 다음과 같은 패턴으로 도식화할 수 있습니다.

| 부정적 표현 | + | 하지만 | + | 긍정적 표현 |

이 패턴은 단순히 강한 인상을 남기는 데 그치지 않고, 부가 가치를 더욱 선명하게 드러내는 효과를 발휘합니다.

세상은 부가 가치와 전쟁 중

 야구에는 전쟁에서 유래한 표현들이 적지 않습니다. '죽었다'(아웃), '사구'(데드볼), '유격수'(쇼트스톱), '우익'(라이트), '좌익'(레프트) 등은 모두 군사적 뉘앙스를 담은 자극적인 표현입니다.

 비즈니스 세계도 크게 다르지 않습니다. 대표적으로 '전략'이라는 단어 자체가 군사용어에서 비롯되었습니다. 야구와 비즈니스에서 전쟁 용어가 많이 사용되는 이유는 결국 치열한 경쟁을 전제로 한 세계이기 때문입니다.

 오늘날 시장 역시 점유율 확보를 위해 차별화된 '부가 가치 전략'에 초점을 맞추고 있습니다. 특히 식품업계만 보더라도 대부분이 부가 가치 경쟁에 집중하고 있는 모습을 확인할 수 있습니다.

　가장 두드러진 흐름은 단연 '건강을 둘러싼 경쟁'입니다. 건강은 모두의 관심사이기에 식자재는 물론 과자와 음료까지 '기능성', '저열량', '고단백' 등 건강과 조금이라도 연관되는 요소를 앞세워 적극적으로 홍보합니다.

　최근에는 '정크 푸드'로 분류되는 제품들조차 건강을 부가 가치로 내세우는 현상이 나타나고 있습니다. 이는 소비자의 죄책감을 완화하려는 전략으로 부가 가치 경쟁이 얼마나 치열하게 전개되고 있는지를 단적으로 보여줍니다.

이 밖에도 '맛의 다양성', '편리성', '사이즈', '품질', '안전성', '속도', '가격'을 둘러싼 경쟁이 치열하게 전개되고 있습니다. 그중에서도 '사이즈 경쟁'은 가장 세분화된 영역이라 할 수 있습니다. 대표적인 예가 소용량·소포장 트렌드입니다. 식빵은 3장에서 2장으로, 라면은 5개입에서 3개입으로 줄어드는 추세가 이를 잘 보여줍니다. 1인 가구의 증가가 불러온 변화로 이처럼 부가 가치는 다양한 방식으로 새롭게 창출될 수 있음을 보여줍니다.

계속해서 변하는 부가 가치

과거에는 지금처럼 부가 가치를 둘러싼 경쟁이 치열하지 않았습니다. 그러나 시대가 변하고 소비자의 기대 수준이 높아지면서 부가 가치의 중요성은 점점 커지게 되었습니다.

여기서 주목해야 할 점은 **어제의 부가 가치가 오늘에도 동일한 부가 가치로 이어지리라는 보장이 없다는 사실입니다. 시간의 흐름에 따라 부가 가치는 달라질 수밖에 없습니다.** 한때는 부가 가치로 여겨졌던 것들이 어느새 기존 가치로 바뀌거나, 심지어 **불필요한 가치로 전락할 수도 있습니다.**

부가 가치, 기존 가치, 불필요 가치를 구분하는 기준은 바로 '유행'입니다. 요즘은 타피오카 음료가 유행하고 있지만, 제가 젊었을 때는 '원랭스 보디콘One-length Body-conscious'이 선풍적인 인기를 끌었습니다. 원랭스 보디콘은 머리카락을 층 없이 한 길이로 자르고, 몸에 밀착되는 원피스를 입는 1980~90년대 일본의 패션 스타일입니다. 지금은 다소 낯설게 느껴지지만, 당시에는 거리에 나서면 온통 원랭스 보디콘 차림이 넘쳐날 정도로 폭발적인 열풍이었습니다.

흔히 유행은 세 가지 가치 단계를 순환·변화합니다.

초기 단계 → 새로운 부가 가치로 인식

중반에서 끝물 → 기존 가치로 정착

종식 이후 → 불필요 가치로 전락하거나, 때에 따라 기존 가치로 정착

유행은 대체로 '부가 가치 → 기존 가치 → 불필요 가치'라는 흐름을 따라 전개됩니다. 이 가운데 유행으로 사라지지 않고 스테디셀러로 자리 잡은 상품은 '부가 가치 → 기존 가치' 단계에서 안정적으로 정착한 사례라 할 수 있습니다.

왜 사람들은 편의점에 가고 싶어지는 걸까?

우리는 부가 가치에 둘러싸여 삽니다. 이런 말을 자주 듣습니다. "편의점은 비싸니까 슈퍼나 드럭스토어가 더 합리적이야."

맞는 말입니다. 그런데도 사람들은 여전히 편의점을 자주 찾습니다. 왜일까요? 보이지 않는 부가 가치가 있기 때문입니다.

편의점에는 어떤 부가 가치가 있을까요? 제가 생각하는, 그리고 이미 꽤 강력한 부가 가치로 자리 잡았다고 보는 것은 바로 '기대감'입니다. 기대감이 사람들을 편의점으로 이끕니다. 예를 들어, '녹차 음료를 사야지'처럼 명확한 쇼핑 동기가 있을 때는 대부분 가격이 더 저렴한 슈퍼마켓을 선택합니다(물론 요즘은 편의점에서도 할인 행사가 잦긴 합니다). 이런 경우에는 가격이나 상품 구성을 꼼꼼히 비교한 뒤, 더 유리한 쪽을 고르게 되죠.

반면, 특별히 살 건 없지만 그냥 둘러보고 싶을 때라면 어떨까요? 편의점에는 왠지 새롭고 재미있는 게 있을 것 같은 기대감이 존재합니다. 이때는 쇼핑 동기보다 '방문 동기'가 더 크게 작용하게 되죠.

편의점의 경쟁력은 방문 동기를 만들어내는 힘에 있습니다. 바로 이 점이 편의점의 부가 가치입니다. '새로운 상품을 만날 수 있을 거 같아.', '필요한 무언가를 발견할지도 몰라.' 사람들은 편의점에 대한 작은 '기대감'을 품고 있습니다.

이처럼 부가 가치가 있다는 이미지를 소비자에게 심어주는 것은 매우 중요합니다. 그리고 그 이미지를 강하게 각인시키려면 새로운 부가 가치를 지속적으로 제공해야만 합니다.

이는 마치 부가 가치라는 '밀푀유'를 한 겹씩 정성스럽게 쌓아 올리는 과정과도 같습니다. 이렇게 이미지가 차곡차곡 축적되면 마침내 '브랜드'가 탄생하게 되는 것이죠.

이는 상품이나 서비스에만 국한되지 않습니다. 예를 들어, 좋아하는 사람과 사귀고 싶을 때를 떠올려보세요. 상대가 나를 좋아해 주면 좋겠지만, 그렇지 않더라도 내가 줄 수 있는 '부가 가치의 밀푀유'를 차근차근 쌓아가는 방법이 있습니다.

직장 내 인간관계도 마찬가지입니다. 시간이 걸리더라도 의미

있는 부가 가치를 꾸준히 전하면, 당신의 진심과 매력은 분명히 전달됩니다. 이렇게 쌓인 부가 가치는 결국 나만의 '브랜드'로 발효되는 것이죠. '발효'라는 표현을 쓴 이유는 된장이나 간장, 술처럼 깊은 맛을 내려면 숙성이라는 시간이 필요하기 때문입니다.

'브랜드' 역시 시간의 축적이 필요합니다.

개인의 브랜드 역시 고객과 오랜 시간 신뢰를 쌓아가는 과정에서 형성됩니다. 이것은 인간관계의 기본 원리와도 맞닿아 있습니다. "우수한 영업사원은 눈앞의 결과에 일희일비하지 않는다."라는 말이 있습니다.

조급한 마음은 부가 가치보다는 당장의 실적에만 집착하게 만듭니다. 그러나 시간을 길게 바라보며 차근차근 부가 가치를 쌓아간다면, 그것은 결국 성과로 이어질 것입니다.

우리는 부가 가치에 돈을 쓴다

저는 어묵튀김을 무척 좋아합니다. 메밀이나 우동 위에 올리는 토핑 중에서 어묵튀김은 항상 인기 1순위입니다. "좋아하는 음식이 뭐예요?"라는 질문을 받으면 저는 주저 없이 "어묵튀김이요!"라고 답합니다. 물론 김을 입힌 어묵튀김 역시 빼놓을 수 없는 별미입니다.

어느 날 슈퍼 반찬 코너를 둘러보다가 우연히 김을 입힌 오징어 어묵을 발견했습니다. '오징어 어묵이라니! 맛있겠는데?' 머릿속으로 맛을 상상하며 구매한 후 기대대로 아주 맛있게 먹었습니다. 그런데 문득 이런 생각이 들었습니다.

'나는 왜 오징어 어묵을 샀을까?'

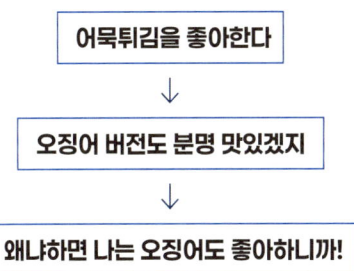

이런 의식의 흐름이 머릿속을 스쳐 지나간 것이죠. 그런데 곰곰이 생각해 보니 제가 오징어 어묵을 산 이유는 오징어를 좋아해서가 아니라 '어묵튀김'에 대한 높은 부가 가치 때문이었다는 걸 깨달았습니다. 제가 진짜 먹고 싶었던 건 '어묵튀김'이었고, 오징어는 그 안에 들어간 재료의 변형일 뿐이었죠.

이런 현상을 '부가 가치의 피벗pivot'이라고 합니다. '피벗'은 원래 회전축을 뜻하지만, 마케팅에서는 '방향 전환'이나 '노선 변경'의 의미로 쓰입니다. 결국 제가 선택한 것은 '어묵튀김'에 담긴 부가 가치였던 셈입니다.

이제 본론으로 돌아가 보겠습니다. 우리는 종종 물건 자체보다는 그 위에 덧입혀진 '부가 가치'에 이끌려 쇼핑하는 경우가 많습니다.

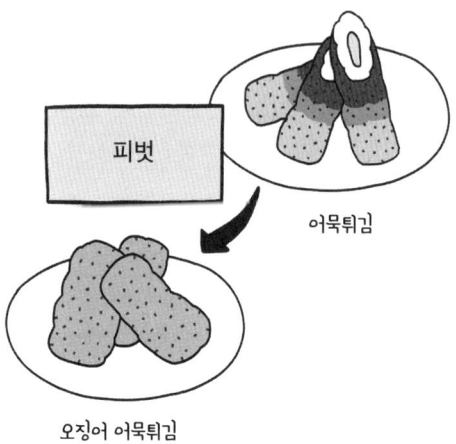

피벗

어묵튀김

오징어 어묵튀김

○○○○○, 기간 한정!

여기서만 판매는 ○○○○○

이러한 부가 가치는 호기심을 자극하고, 구매로 이어지게 만듭니다.

우리는 부가 가치를 보고 구매하기 때문에 그 기대에 못 미치면 실망도 커집니다. 그리고 이 실망의 구조 또한 부가 가치와 깊이 연결되어 있습니다.

부정적인 부가 가치가 만든 허무함

여행의 가장 큰 즐거움 중 하나는 단연 음식입니다. 하지만 예전보다 식사량이 줄다 보니 여행을 갈 때마다 '조금만 더 먹을 수 있으면 좋을 텐데…' 하는 아쉬움이 남곤 합니다. 특히 해산물로 유명한 지역을 여행할 때면 그 아쉬움이 더욱 크게 느껴집니다.

어느 여행지의 한 식당 메뉴판에는 군침 도는 해산물 요리 사진이 빼곡히 담겨 있었습니다. 한참을 고민하다가 생선회가 푸짐하게 올라간 덮밥을 골랐습니다.

기다림 끝에 음식이 나왔습니다. '맛있게 먹어야지.' 속에서는 벌써 꼬르륵 소리가 요란했습니다. 그런데 막상 서빙된 덮밥을 본 순간….

'???'

대문자 물음표 세 개가 머릿속에 그려졌습니다.

'내가 주문한 게 정말 이게 맞나?'

눈앞에 놓인 건 납작한 생선회가 올라간 회덮밥이었습니다. 메뉴판 사진과는 사뭇 달라 허전하기 짝이 없는 모습이었죠. 마음을 가라앉히고 사진과 대조해 보니 해산물의 종류는 같았습니다. 문제는 두께였습니다. 바람만 불어도 날아갈 듯 얇게 썰린 회가 덮여 있었던 겁니다.

이런 요리를 저는 '허무 밥상'이라 부릅니다. 사진으로 기대치를 한껏 끌어올려 놓고, 그 기대를 철저히 배신하는 음식. 일종의 부정적인 부가 가치입니다. 물론 재료비나 인건비 상승 등 불가피한 사정이 있었을지도 모릅니다. 그러나 기대를 저버리는 장사는 단기 매출은 올릴 수 있어도, 장기적으로는 더 큰 손실을 초래하기 마련입니다.

가끔은 '부정적인 부가 가치'를 경험할 때가 있습니다. 그럴 때 가장 먼저 드는 불쾌감은 '서비스 마인드', 곧 부가 가치에 대한 인식이 부족하다는 점입니다. 손님을 단순히 돈벌이 수단으로만 여긴다는 인상을 주기 때문이지요.

물론 반드시 기대를 훨씬 뛰어넘는 서비스를 제공할 필요는 없습니다. 그러나 최소한 '기대를 조금이라도 웃도는 수준'은 되어야 합니다. 그 작은 차이가 곧 '잘 시켰다', '오길 잘했다', '사길 잘했다'라는 만족감을 만들어내기 때문입니다.

소박함 속에 숨어 있는 진짜 경쟁력

사이타마埼玉에서 시작된 '만두의 만주滿洲'는 '소박한 부가 가치'를 절묘하게 전달하는 만두 프랜차이즈로 유명합니다. 이곳은 '30%의 별미'라는 독특한 캐치프레이즈를 내걸고 있습니다.

'맛 200% 보장', '감동의 맛!' 같은 과장된 문구 대신 '30%의 별미'라는 절제된 표현으로 '소박한 부가 가치'를 전달합니다. 참고로 30%라는 숫자에는 재료비, 인건비, 운영비를 각각 30%씩 배분해 균형 잡힌 경영을 실천하겠다는 의미도 담겨 있다고 합니다.

하지만 여기서 우리가 주목할 점은 '소박한 부가 가치'입니다. '감동의 맛' 같은 과장된 표현은 기대치를 지나치게 끌어올려 실제로 맛이 좋아도 '감동까진 아니었는데…' 하는 실망감을 만들 우려가 있습니다. 오히려 '부정적인 부가 가치'로 이어질 위험이 있는 것이죠.

TV 버라이어티 프로그램의 한 제작자가 이런 말을 한 적이 있습니다.

"미치도록 재밌다, 배꼽을 잡는다와 같은 과장된 표현을 쓰면 시청자의 기대치가 지나치게 높아집니다. 그러다 보니 정말 웃긴 장면이 나와도 '배꼽까지는 아니네.' 하며 실망하더라고요. 그래서 저는 표현을 최대한 절제하려 합니다."

　부가 가치는 중요한 경쟁력인 만큼 누구나 강조하고 싶어 합니다. 그러나 이를 지나치게 부풀리면 기대치가 과도하게 높아져 오히려 실망으로 이어질 수 있습니다. 그렇기에 '소박한 부가 가치'야말로 과하지 않으면서도 균형 잡힌 가치라 할 수 있습니다.

　'소박한 부가 가치'는 소비자에게 긍정적인 평가를 받습니다. 예를 들어, 다양한 종류의 베개를 준비해 투숙객이 취향에 맞게 고를 수 있도록 한 호텔이 큰 인기를 얻고 있습니다. 쾌적한 숙면이라는 부가 가치를 제공했기 때문입니다. 어떤 온천여관에서는 다양한 디자인의 유카타(가볍고 얇은 원피스형 기모노)를 준비해 투숙객이 원하는 것을 직접 고를 수 있도록 하고 있습니다.

'소박한 부가 가치'도 차곡차곡 쌓이면 커다란 만족이 됩니다.

Part 3

평범한 나를
특별하게 만드는
부가 가치

면접 탈락,
진짜 이유는 다른 데 있다

다음 문장 중에는 명백하게 잘못된 부분이 있습니다. 그 부분을 찾아보세요.

> **문제**
>
> 이직 활동을 하던 A 씨가 이렇게 말했습니다.
> "이직하려고 여기저기 면접을 봤는데 전부 떨어졌어. 자꾸 떨어지다 보니 내가 너무 부족한 사람처럼 느껴져."

예전에 제 지인이 이직 활동을 하던 중에 했던 말입니다. 취업이 좀처럼 성사되지 않자 낙심한 듯 이렇게 말하는 그가 마음에 걸렸습니다. 물론 그는 결코 그런 사람이 아니었습니다. 다만 그 시기의 이직 과정이 다소 순탄치 않았을 뿐이었죠.

오답

이직하려고 여기저기 면접을 봤는데 전부 떨어졌어. 자꾸 떨어지다 보니 내가 너무 부족한 사람처럼 느껴져. →잘못된 부분

정답

이직하려고 여기저기 면접을 봤는데 전부 떨어졌어. 계속 떨어진 이유는 나만의 부가 가치를 보여주지 못했기 때문이야.

면접에도 여러 유형이 있겠지만 A 씨가 지원한 곳은 극히 소수만 선발하는 경쟁이 치열한 기업들이었습니다. 그곳에서 요구한 건 누구나 갖춘 기본적인 역량이 아니라 예상 범위를 뛰어넘는 '부가 가치'를 가진 인재였습니다. 안타깝게도 지인은 그 부분에서 다소 맞지 않았던 것 같습니다. 그러나 그렇다고 해서 그가 '가치가 없는 사람'이 되는 것은 아닙니다.

면접이 뜻대로 풀리지 않으면 누구나 자존감이 흔들리고 자신의 가치를 의심하게 되는 순간이 있습니다. 저 역시 그런 시기를 겪어본 적이 있어 그가 어떤 마음이었을지 잘 압니다.

그는 가치가 없는 사람이 아니라, 단지 그 회사가 요구하는 부가가치를 갖추지 못했을 뿐입니다. 이 부분을 착각해서는 안 됩니다.

또 다른 시각에서 바라보면 이렇게 말할 수도 있습니다. 면접을 잘 본다는 것은 의식적으로든 무의식적으로든 부가 가치를 효과적으로 만들어내는 능력을 지녔다는 뜻입니다.

성격을 바꾸지 말고
관점을 바꿔라

　예전에 이런 상담을 받은 적이 있습니다. 영업 일을 하고 있는 한 여성분이 찾아와 고민을 털어놓았습니다.
　"저는 내세울 만한 강점이 하나도 없어요. 오히려 단점만 가득하죠. 고객을 설득하는 것도 어렵고, 영업 실적도 지조하다 보니 일할 때마다 스스로가 한심하게 느껴져요."
　실적이 좀처럼 오르지 않자 그녀는 많이 위축된 상태였습니다. 대화를 이어가다 보니 그녀의 고민은 결국 다음과 같은 지점에 닿아 있었습니다.

- **나는 다른 사람에 비해 내세울 만한 강점이 없다**

- 대화에 자신이 없어 고객을 설득하지 못한다
- 경쟁사와의 영업에서 자주 밀린다
- 결과적으로 영업 실적이 좋지 않다
- 나는 영업에 맞지 않는 성격이다

하소연을 들으며 저는 그녀가 왜 그렇게 힘들어하는지 이해할 수 있었습니다. 그녀는 자신의 성격 자체에 문제가 있다고 믿고 있었던 겁니다. 그런데 대화를 나누면 나눌수록 그녀가 약점이라고 여기는 부분들이 제 눈에는 오히려 장점처럼 보였습니다. 단지 그녀가 아직 그것을 알아차리지 못하고 있을 뿐이었습니다.

저는 이렇게 생각합니다. 어떤 '성격'도 강점이 될 수 있다고 말이죠. 언뜻 약점처럼 보이는 성격도 시각을 바꾸면 충분히 강점이 될 수 있습니다. 물론 성격을 바꾸는 일은 쉽지 않습니다. 불가능한 것은 아니지만, 상당한 노력과 시간이 필요합니다. 그렇다면 억지로 성격을 바꾸려 애쓰기보다 지금의 성격에서 '강점(부가 가치)'을 발견하고, 그것을 다듬어가는 편이 훨씬 현실적이고 수월한 길일 것입니다.

예를 들어, 그녀가 가장 크게 고민한 부분은 '대화에 자신이 없어 고객을 설득하지 못한다'는 점이었습니다. 여기서 '그렇구나' 하고 넘길 것이 아니라, '왜 대화에 자신이 없는지'를 깊이 들여다

볼 필요가 있습니다. 그래서 제가 물었습니다.

"왜 대화가 힘들게 느껴지나요?"

"제가 하는 제안이 상대방을 불편하게 하거나 귀찮게 하지 않을까 걱정돼서요."

그래서 다시 물었습니다.

"그 제안이 고객에게 도움이 안 된다고 생각하나요?"

"아니요, 그렇지는 않아요. 제안하는 내용 자체는 분명 고객에게 도움이 되는 정보라고 생각해요. 그런데도 누군가에게 강하게 권유한다는 것이 뭔가 주제넘게 느껴지더라고요."

'대화에 자신이 없는 이유'를 깊이 들여다보면서 해상도를 높여가다 보면, 그 안에 숨겨진 진짜 문제를 발견할 수 있습니다.

- 제안하는 내용은 자신 있다
- 고객에게 권유하는 것에 내적인 저항감이 있다

이 두 가지 요소가 대화를 힘들게 하는 원인이었습니다. 그렇다면 이 두 가지 요인을 상대방, 즉 클라이언트의 관점에서 바라보면 어떨까요? 막무가내로 영업하는 사람보다 진심으로 나를 생각해 주는 사람을 더 선호하지 않을까요?

상대의 시각에서 보면 그녀에게는 분명 '차별화된 강점'이 존재합니다. 문제는 그녀 스스로 그것을 인식하지 못해 그 강점이 상대에게 제대로 전달되지 않는다는 점입니다. 결국 이미 '존재하는' 부가 가치가 드러나지 못한 채 발휘되지 못한 가치로 남은 것이지요. 해야 할 일은 단순합니다.

'진심을 어떻게 효과적으로 전달할 것인가'를 고민하고, 그 해답을 찾아가는 것입니다.

예를 들어, 제안 내용을 뒷받침할 수 있는 전문 지식이나 데이터를 담은 자료를 함께 제시하는 것도 좋은 방법입니다. 프레젠테이션이 어렵다면, 오히려 설득력 있는 자료 준비에 집중하는 편이 효과적인 전략이 될 수 있습니다.

핵심은 '누구의 시각으로 보느냐'에 달려 있습니다. 약점에만 매달리기보다 그것을 부가 가치로 발전시킬 가능성을 찾아 다듬는 편이 자기 자신에게도 편하고, 타인에게도 더욱 잘 전달됩니다. '나는 강점이 없다', '내 성격은 영업과 맞지 않는다'라는 생각은 얼마든지 바꿀 수 있으며, '강점을 개발하는 방법' 또한 무궁무진합니다.

한때 베스트셀러에 오른 『조용한 사람의 전략서』는 조용하고 내성적인 사람도 충분히 영향력 있고 성공적인 삶을 살 수 있음을 보여준 책입니다. 이 책이 주목받은 이유는 사회에서 흔히 밝고 외향적인 사람이 긍정적인 평가를 받고, 조용하고 말이 적은 사람은 소극적이거나 부족하다고 여겨지는 현실에 문제를 제기했기 때문입니다. 하지만 과연 그런 인식이 옳을까요?

유명한 경영자들 가운데는 내향적인 성격을 가진 이들이 적지 않고, 과묵함이 오히려 신뢰를 주는 경우도 많습니다. 중요한 것은 '지금의 내 성격을 어떻게 강점으로 만들 것인가?'라는 질문을 자신에게 던지는 일입니다. 이 질문에서 출발한다면 어떤 성격도 충분히 강점으로 바꿀 수 있습니다.

- **말수가 적다 → 내성적(깊이 있는 경청, 차분한 분위기와 안정감)**
- **우유부단하다 → 심사숙고형**
- **일 처리 속도가 느리다 → 꼼꼼한 일 처리**
- **의사 표현이 어렵다 → 자료를 통한 의사 전달**
- **대면 대화가 어렵다 → 문자 기반 소통으로 대체**

시각을 바꾸면 보이는 풍경이 달라집니다. 희극의 왕 찰리 채플린은 '관점의 가치'에 대해 이렇게 말했습니다.

"인생은 가까이에서 보면 비극이지만 멀리서 보면 희극이다."

관점을 바꾸는 순간, 세상은 전혀 다른 모습으로 다가옵니다.

나는 어떤 가치를
더할 수 있을까?

앞서 집단면접이 가장 힘들었다는 제 취업 일화를 소개했지만, 사실 입사 후에도 한동안 저는 어두운 시기를 보냈습니다.

20대에 출판사로 이직했을 때, 첫 1년은 말 그대로 암흑기였습니다. 이유는 단 하나, '제가 일을 너무 못했기 때문'이었습니다. 하는 일마다 좌충우돌했고, 성공보다는 실패가 더 익숙했던 시절이었지요. 잡지 편집을 맡았지만 기획안을 내면 번번이 퇴짜를 맞기 일쑤였습니다. 취재를 나가면 상대방을 불편하게 만들었고, 원고 마감도 자주 어겨 상사에게 꾸지람을 들었습니다.

그런 시간이 1년 넘게 이어졌습니다. 하지만 그 길고 어두운 터널에도 서서히 빛이 스며들기 시작하는 순간이 찾아왔습니다.

잡지 기획은 보통 회의를 통해 결정됩니다. 편집부 팀원들이 기획안을 제출하면, 편집장을 포함한 전원이 이를 함께 논의하는 방식입니다. 그 과정을 1년 가까이 지켜보며 저는 중요한 사실을 하나 깨달았습니다.

회의 안건으로 올라오는 대부분의 기획이 '내가 재미있다고 느끼는 것', '내가 좋아하는 주제' 중심이라는 점이었습니다. 하지만 기획이 통과되려면 나만의 독창성이 필요하다는 걸 깨달았습니다. '어떻게 하면 차별화된 제안을 할 수 있을까?' 고민한 끝에 떠오른 답은 '고객 중심'이었습니다.

지금은 당연한 가치처럼 여겨지지만, 1990년대의 잡지 업계는 달랐습니다. '내가 좋아하는 일을 하는 게 최선'이라는 문화가 뿌리 깊게 자리 잡고 있었습니다. 그런 분위기 속에서 저는 다소 이질적으로 보일 수 있는 '고객 중심 기획'을 과감히 제안해 보기로 했습니다.

그러자 상황이 바뀌기 시작했습니다. 기획안이 잇따라 통과됐고, 더 놀라운 것은 잡지에 실린 제 기획들이 독자 인기 투표에서 상위권에 오르기 시작한 것입니다. 그때 비로소 '나의 부가 가치'를 발견하게 되었습니다. 남들처럼 '자기 중심'이 아닌 '고객 중심'으로 기획한 점이 차별화된 부가 가치를 만들어낸 것입니다. 갑자기 실력이 늘거나 특별한 재능이 생긴 것은 아니었습니다.

단지 시각을 조금 바꿨을 뿐인데 그 작은 변화만으로도 상황이 이렇게 달라질 수 있다는 사실에 저 자신도 놀랐습니다.

부가 가치의 언어화

'내 강점을 모르겠어'라고 고민하는 사람이 의외로 많습니다. 앞서 영업에 어려움을 겪던 그녀와의 상담도 그랬습니다. '내 강점은 뭘까?' 이 질문에 주저 없이 대답할 수 있다면, 이미 자신의 부가 가치를 제대로 이해하고 있는 사람입니다.

취업이나 이직을 준비할 때는 누구나 '나의 강점이 무엇인지' 끊임없이 고민합니다. 하지만 평소에는 자신에게 그런 질문을 던질 기회가 많지 않습니다. 직장에 다니는 동안에는 주변 사람들이 이미 당신의 업무 스타일을 어느 정도 알고 있기 때문에 굳이 자신의 '부가 가치'를 의식적으로 드러내지 않아도 일은 비교적 원활하게 돌아가기 마련이죠.

그러나 조직의 울타리를 조금만 벗어나면 이야기가 달라집니다. 예를 들어, 영업사원에게 '나만의 부가 가치'는 매우 강력한 무기가 됩니다. 거래처 고객은 단순히 상품이나 서비스의 매력만으로 선택하지 않습니다. 영업 담당자가 가진 자질, 즉 부가 가치 역시 중요한 판단 기준이 되기 때문입니다. 따라서 자신의 부가 가치를 명확히 언어화해 미리 준비하는 것은 성과로 이어지는 전략적 행동이라 할 수 있습니다.

문제는 자신의 강점을 스스로 인식하기가 생각보다 쉽지 않다는 점입니다. 강점은 대체로 타인과의 비교 속에서만 드러나기 때문입니다. 예를 들어, 영어시험 점수가 평균 이상이라면 스스로 영어를 잘한다고 말할 수 있습니다. 비교 기준이 수치로 제시되므로 객관적인 판단이 가능하기 때문입니다. 하지만 '나는 끈기 있고, 포기를 모르는 사람이야.'라고 생각한다고 해서 그것이 곧 강점이 되는 것은 아닙니다. 끈기에는 객관적인 '평균치'라는 기준이 없고, 다른 사람이 얼마나 끈기 있는지도 쉽게 알 수 없기 때문입니다. 즉, 본인은 강점이라고 믿지만 실제로는 착각에 불과할 수도 있다는 뜻입니다.

　자신의 강점을 알아채기 어려운 또 다른 이유는 구조적인 데 있습니다. 다른 사람과 비교하면 분명 강점으로 보이는 부분도, 정작 자신에게는 특별하게 느껴지지 않는 경우가 많습니다. 너무 자연스럽게 해 오던 일이어서 오히려 평범하게 여겨지기 때문입니다. 예를 들어, 요리를 잘하는 사람은 맛있는 음식을 만드는 일이 일상이라 자신의 실력을 인지하지 못합니다. 가족을 위해 매일 요리하다 보면 손맛이 뛰어나도 그 가치를 스스로 느끼지 못하는 경우도 많죠.

　이럴 때 필요한 것이 '다른 사람의 시선'입니다. 자신에 대해 잘 모를 때는 다른 사람에게 물어보는 것만큼 효과적인 방법도 없습니다. 물론 "내 강점이 뭐야?"라고 단도직입적으로 묻는 건 다소 쑥스럽고 민망할 수 있습니다. 저 역시 그런 마음에 쉽게 물어보지 못했던 경험이 있습니다.

　그렇다면 어떻게 해야 할까요? 방법은 여러 가지가 있습니다. 가장 간단한 방법의 하나는 자신의 고민을 가볍게 털어놓으며 자연스럽게 질문하는 것입니다. 이렇게 말해 보면 어떨까요?

　'요즘 자신감이 떨어졌어. 나한테 강점이나 장점이 없는 것 같아. 너는 내가 어떤 사람이라고 생각해?'

　또 이런 방법도 있습니다.

'내 강점이나 장점이 뭔지 알고 싶은데, 아무거나 생각나는 대로 말해 줄래?'

실제로 저도 첫 번째 방법으로 친구에게 물어본 적이 있습니다. 그랬더니 전혀 예상하지 못한 부분을 이야기해 주더군요. 타인의 관점이 얼마나 중요한지를 새삼 깨달았습니다.

실패를 반복하는
사람들의 숨은 원인

전문가들은 '일이 잘 풀리는 사람'과 그렇지 않은 사람의 차이를 다양한 관점에서 연구해 왔습니다. 그 결과 공통적으로 반복해서 나타나는 몇 가지 특징이 발견되었습니다.

일이 잘 풀리는 사람의 특징
- 실행이 생각보다 먼저다
- 결과가 나올 때까지 포기하지 않는다
- 실패를 두려워하지 않는다
- 변화에 유연하다
- 문제의 원인을 자신에게서 찾는다

- 관계를 중요하게 여긴다
- 목표가 구체적이고 명확하다
- 배움에 열려 있다
- 감정을 잘 조절한다
- 환경을 스스로 선택한다
- 장기적인 관점을 가진다
- 결정을 신속하게 내린다
- 자기관리에 철저하다

일이 잘 안 풀리는 사람의 특징

- 머릿속에 계획만 많다
- 쉽게 포기한다
- 실패를 두려워한다
- 변화를 꺼린다
- 문제의 원인을 외부에서 찾는다
- 관계보다 혼자 있기를 좋아한다
- 목표가 불분명하다
- 배우려는 의지가 낮다
- 감정에 쉽게 휘둘린다
- 환경에 지배당한다

- 단기적인 판단을 한다
- 결정을 미룬다
- 자기관리가 부족하다

물론 사람마다 각기 다른 이유가 있겠지만, 앞서 살펴본 내용을 분석해 보면 '잘 되는 사람'에게는 다섯 가지 '성공의 관점'이 있다는 것을 알 수 있습니다.

①행동 관점 ②지속 관점 ③거시적 관점 ④선택 관점 ⑤자기 책임 관점

반면에 일이 잘 풀리지 않는 사람은 부가 가치를 만드는 일보다는 긴급한 일이나 눈앞에 보이는 일, 혹은 쉽고 익숙한 일부터 처리하는 경향이 있습니다.

그렇다면 이런 사람들은 어떻게 하면 앞서 언급한 다섯 가지 '성공의 관점'을 자기 것으로 만들 수 있을까요? 당장 시작해 볼 수 있는 방법이 있습니다.

자신에게 던지는 질문을 바꿔보면 됩니다.

'질문을 바꿔라!'라는 말은 다소 추상적으로 들릴 수 있습니다.

그래서 여기서는 그 의미를 조금 더 구체적으로 풀어보려 합니다. 예를 들어, 물건이 잘 팔리지 않아 고민하는 사람들이 흔히 하는 착각이 있습니다. 영업사원 A 씨 역시 최근 부진한 실적 때문에 고민이 많습니다.

'이렇게 열심히 했는데, 도대체 왜 안 팔리는 걸까?'

A 씨는 물건이 잘 팔리지 않는 이유가 경쟁 상품과의 차별화 부족에 있다고 생각했습니다. 그래서 경쟁 제품과의 차이점을 세밀하게 분석하고, 고객사 방문 횟수도 늘려보기로 했습니다. 그러나 이런 노력이 이어졌음에도 불구하고 성과는 좀처럼 개선되지 않았습니다.

그는 다시 깊은 실의에 빠졌습니다. '도대체 왜 안 팔리는 걸까?' 그러던 중 그에게 또 다른 생각이 스쳤습니다. '가격을 낮추면 그래도 팔리지 않을까?'

이익을 포기하고 가격을 낮춰봤지만 매출은 여전히 제자리였습니다. 속수무책이었습니다. 도대체 뭐가 문제였던 걸까요?

사실 문제는 '질문'에 있었습니다.

매출을 올리기 위한 접근 방식 자체에 문제가 있었던 것이죠. A 씨는 내내 이렇게 자문했습니다.

'왜 안 팔리는 걸까?'

하지만 이 상황에서 그가 진짜 던져야 했던 질문은 '왜 안 팔릴까?'가 아닌 '어떻게 하면 잘 팔릴까?'입니다. '왜 안 팔릴까?'와 '어떻게 하면 잘 팔릴까?'는 얼핏 들으면 같은 말 같습니다.

'왜 안 팔릴까?', '어떻게 하면 잘 팔릴까?' 비슷해 보이지만 실은 전혀 다른 질문입니다. 그 이유는 우리의 뇌가 질문을 받으면 답을 찾으려는 특성이 있기 때문입니다.

- 왜 안 팔릴까?
    → 팔리지 않는 이유를 찾으며 문제점을 발견한다

- 어떻게 하면 잘 팔릴까?
    → 잘 팔기 위한 방법을 찾으며 부가 가치를 발견한다

우리도 평소에 이런 미묘한 차이를 인식하지 못한 채 A 씨처럼 고민할 때가 많습니다. 그는 매출 부진의 원인을 '상품의 차별화', '영업 빈도', '가격'에서 찾았고, 이를 보완하면 곧 성과가 나올 것이라 확신했습니다. 하지만 실적이 달라지지 않았다는 사실은 그 접근이 고객이 진짜 원하는 부가 가치와는 거리가 있었음을 보여줍니다.

'차별화'가 아닌 '부가 가치화'

'영업 빈도'가 아닌 '영업의 부가 가치화'

'가격 인하'가 아닌 '부가 가치에 걸맞은 가격'

이러한 접근은 '왜 안 팔릴까?'가 아닌 '어떻게 하면 잘 팔릴까?'라는 질문을 해야만 얻을 수 있는 것입니다. 질문을 바꾸기만 했어도 전혀 다른 결과를 만들 수 있었겠죠.

질문을 던질 때 중요한 것은 '부가 가치'를 중심으로 생각하는 것입니다.

'부가 가치'라는 핵심이 빠지면 영업 현장에서 이런 일이 벌어질 수도 있습니다.

'상품이 안 팔리는 건 내가 설명을 충분히 하지 않아서일지도

몰라….'

이런 생각에 사로잡히면 상품 설명에만 집중하게 됩니다. 품질은 어떻고, 사양은 어떻고 하는 이야기를 줄줄 늘어놓다 보면, 고객은 점점 지쳐 결국 "제가 알고 싶은 것만 알려주세요!"라는 반응을 보이게 됩니다.

반면, '부가 가치'를 중심에 두고 사고하는 사람이라면 이렇게 생각할 것입니다.

'팔리지 않는 건 고객에게 전달해야 할 부가 가치가 제대로 전해지지 않았기 때문일지도 몰라. 고객이 진짜로 필요로 하는 가치를 전하자.'

이 작은 사고의 차이가 전혀 다른 결과를 만들어냅니다.

시키는 대로만 해서는
성공할 수 없다

"시키는 일만 해서는 안 된다!"

신입사원 시절, 선배들에게 자주 들었던 말입니다. 당시에는 그 뜻을 잘 이해하지 못했지만, 지금은 분명히 알게 되었습니다.

왜 시키는 일만 해서는 안 될까요? '부가 가치'가 없기 때문입니다. 앞에서도 언급했듯이 부가 가치가 없는 일은 결국 단순한 '작업'에 불과합니다.

일은 크게 두 가지로 나눌 수 있습니다. 하나는 '작업'이고, 다른 하나는 '부가 가치'를 만들어내는 일입니다. 부가 가치를 창출하고 그에 따른 보상을 받는 것과, 단순히 작업을 수행하고 그 대가를 받는 것은 일에 대한 접근방식 자체가 근본적으로 다릅니다.

이러한 관점으로 업무를 되돌아본다면, 지금까지 해 온 일들이 전혀 다르게 느껴질 것입니다.

- 회의나 미팅에서 내가 제공할 수 있는 부가 가치는 무엇일까?
- 고객에게 전달할 수 있는 부가 가치는 무엇일까?
- 경리 업무를 하면서 내가 만들어낼 수 있는 부가 가치는 무엇일까?
- 내가 보내는 메일과 채팅에는 어떤 부가 가치가 담겨 있을까?

'업무에서 어떤 부가 가치를 만들까'를 고민하기 시작하면, 자연스럽게 일을 대하는 태도가 달라집니다. 예를 들어, 메일을 받는 사람에게 '위로'라는 부가 가치를 전하고 싶다면, 긍정적인 메일을 보내는 것이 좋습니다. '이번 주의 긍정 명언'을 함께 첨부하는 것도 좋은 방법이 될 수 있겠죠.

중요한 건 완벽한 결과보다 부가 가치를 만들어내려는 시도를 시작하는 것입니다.

자기표현도 부가 가치

제가 편집 일을 처음 배우며 시행착오를 겪었던 20대 시절, 지금도 기억에 남는 선배의 말이 있습니다.

"가키우치 씨, 막내라고 해서 시키는 일만 해서는 안 돼. 지금부터라도 상사의 눈높이에서 업무를 바라보는 습관을 들여야 해. 그렇게 하면 분명 나중에 큰 도움이 될 거야."

그 말을 가슴에 새긴 뒤, 저는 제 시선에만 머무르지 않고 상사의 시선, 더 나아가 여러 관점에서 넓게 바라보는 습관을 기르게 되었습니다. 지시한 일에만 몰두하다 보면 부가 가치를 창출하는 일이 점점 부담스럽게 느껴질 수 있습니다. 생크림 케이크를 만든다고 생각해 보세요. 스펀지케이크는 반드시 필요한 '기본 베이스'입니다. 그러나 그 위에 어떤 크림을 바를지, 어떤 과일을 올릴지, 얼마나 풍성하게 꾸밀지를 고민하며 하나씩 더해 가는 과정이 바로 '부가 가치'를 창출하는 작업입니다.

선배의 말씀은 비록 스펀지케이크를 만들라는 지시를 받았더라도 단순히 '케이크 본체'만 생각해서는 안 된다는 가르침이었습니다. 어떤 크림을 바를지, 어떤 과일을 올릴지, 더 나아가 그 케이크를 먹고 행복해할 사람들까지 떠올리며 일을 해야 한다는 의미죠.

> 칼럼

왜 설명은 때로 역효과를 낼까?

히이ㅏ미팅에서 흔히 들리는 말 중 하나가 바로 '설명하다'입니다. "조금 더 자세히 설명해 주시겠습니까?", "앞으로의 계획에 대해 설명드리겠습니다."

하지만 저는 '설명하다'라는 표현은 가능한 한 자제하는 게 좋다고 생각합니다. 그 이유는 자칫 정보 전달에만 치중한 느낌을 줄 수 있기 때문입니다. 미팅은 단순히 정보를 주고받는 자리가 아니라, 안건에 담긴 부가 가치를 함께 이해하고 공유하는 자리인 경우가 많습니다.

사실 '설명'이라는 단어에는 두 가지 의미가 담겨 있습니다. 하나는 내용을 그대로 전달하는 것, 다른 하나는 그 안에 담긴 부가 가치를 함께 전하는 것입니다. 문제는 당신이 두 번째 의미를 기대하며 "설명해 주세요."라고 부탁했을 때, 상대방은 첫 번째 의미로 받아들여 단순히 내용만 전달하려 할 수 있다는 점입니다.

우리는 언어를 사용하며, 동시에 언어에 영향을 받으며 살아갑니다. 자주 쓰는 말에는 복합적인 의미가 담겨 있어 때로는 다른 뜻으로 해석하거나 사용되는 경우가 많습니다. 특히 추상적인 단어 같은 '애매모호한 말'은 오해를 불러일으키기 쉽습니다. '설명하다' 뿐 아니라 다음과 같은 표현들도 애매모호한 말에 속합니다.

해놓으세요/맡길게요/생각해 주세요/잘 대응해 주세요/가능한 범위에서 부탁드립니다/검토해 주세요/급하지 않아요/적당히 해 주세요/알아서 잘해 주세요

예를 들어, 상사가 "이 안건, 알아서 잘해 봐."라고 말한 상황을 떠올려보세요.

'일을 맡겼으니 내 방식대로 진행하면 되겠지.' 하고 결과물을 완성해 보고했는데, 돌아온 답변이 "이건 아니지. 다시 해 와."라는 지시를 받는다면 어떨까요. 맡겼으니 지적은 하시 않있으면 **좋겠다**는 생각이 들 것입니다.

여기서 중요한 것은 '맡기다'라는 말의 의미입니다. 당신은 이를 '내가 책임지고 내 방식대로 판단해 진행해도 된다'고 이해했을 수 있습니다. 하지만 상사가 말하는 '맡기다'는 '책임은 당신에게 있으나, 그 과정에서 새로운 부가 가치를 만들어내라'는 뜻입니다. 즉,

상사가 결과물의 수정을 요구한 것은 '부가 가치가 부족하다'고 판단했기 때문입니다.

이때 유념해야 할 점은 상사와 당신이 생각하는 '부가 가치'의 기준이 서로 다를 수 있다는 사실입니다. 그 기준을 사전에 맞추지 않은 채 일을 진행하면, 결국 '맡기다'라는 말의 해석 차이로 인해 오해가 생길 수 있습니다.

애초에 일을 '부가 가치를 창출하는 작업'으로 정의한다면, 이런 인식의 차이를 좁힐 수 있을 것입니다. 어떤 상황에서도 '부가 가치'를 중심에 두어야 한다는 점을 명심해야 합니다.

한 제과점에서 있었던 일입니다.

"저희 매장 시폰 케이크는 구워내는 방법이 다른 곳과 달라요. 'OOO'라는 특별한 비법으로 굽는데 이 방식을 쓰는 곳은 저희뿐이에요."

(OOO라는 용어가 저에게는 생소해 듣고도 무슨 뜻인지 잘 이해되지 않았습니다.)

제과점 직원은 열심히 설명했지만, 시폰 케이크의 진짜 매력은 와닿지 않았습니다. 굽는 방식이 어떻든 제빵 지식이 없는 저로서는 '먹고 싶다'는 마음이 생기지 않았죠. 제가 알고 싶었던 것은 방식이 아니라 이 케이크만의 특별한 매력이었습니다.

'부가 가치 만들기'는 그 콘셉트가 분명해야 합니다.

그리고 그 출발점은 바로 '부가 가치란 무엇인가?'라는 질문에서 시작됩니다.

가치를 높이는 사람들의 생각 습관

잘되는 사람들이 지키는
부가 가치 원칙

지금까지 '부가 가치를 중심에 두는 사고'가 왜 중요한지를 살펴봤습니다. 그런데 이 가치를 만들어내는 데 남다른 재능을 지닌 이들이 있죠. 제가 '부가 가치의 달인'이라 부르는 인물, 미우라 준 씨입니다.

유루 캐릭터(주로 지역 PR, 관공서, 축제, 캠페인 등에서 사용되며, 어설픈 디자인의 친근한 매력을 내세워 대중에게 인기-역자) 열풍을 일으킨 그는 독창적인 시각으로 지금껏 주목받지 못했던 것들(부가 가치가 낮거나 불필요하다고 여겨졌던 대상)에서 새로운 부가 가치를 발굴하고 있습니다.

그가 만든 부가 가치로는 '유루 캐릭터', '이야게모노(하찮은 선물), '마이붐(개인적으로 푹 빠져 있는 것)', '견불기(불상 덕후의 성지 순례)', '게 모양 빵(감성의 빵)', '돈 마쓰리(기이한 축제)' 등이 있습니다. 기발한 네이밍 센스가 돋보이죠? 일일이 소개하진 못하지만 '이런 것까지?'라고 말하고 싶을 만큼 사소한 대상에도 독특한 이름을 붙여 소비자의 마음을 사로잡는 그의 감각은 참으로 인상적입니다. 그야말로 '부가 가치의 달인'이라 불릴 만합니다.

그의 발상에는 부가 가치를 창출할 수 있는 여러 가지 힌트가 담겨 있습니다. 저 역시 그로부터 많은 영감을 받아왔습니다. 그 중 하나가 제가 이름 붙인 '긍정의 가치화'입니다. 이는 부정적으로 보일 수 있는 대상이나 상황을 시선을 바꾸어 긍정적인 의미로 해석하는 방식입니다.

흔히 강점과 약점은 '종이 한 장 차이'라고 합니다. 예를 들어, 좁은 공간에서 운영되는 소매점은 다양한 상품을 갖추기 어렵다는 한계가 있지만, 이를 '엄선'이라는 긍정적 가치로 바꾸면 오히려 차별화된 강점이 될 수 있습니다. 온라인에 비해 오프라인 매장은 '체험 가치'를 제공하는 점이 강점이며, '길이 복잡하다'는 것도 '미로 탈출'이라는 콘셉트로 재해석하면 부정적인 인상을 긍정적인 경험으로 전환할 수 있습니다.

관점을 바꾸면 그 자체로 새로운 가치를 만들어낼 수 있습니다. 이러한 발상은 대화에서도 마찬가지입니다.

A: "요즘 들어 괜히 폭삭 늙어버린 거 같아."
B: "그건 늙은 게 아니라 더 성숙해진 거야."

프랑스에서는 '성숙함'을 중요한 가치로 여깁니다. 그래서 나이를 먹는 것도 늙어가는 것이 아닌 성숙해지는 과정으로 여깁니다. 이런 긍정적인 마음가짐은 참으로 멋있습니다. 참고로 미우라 준 씨는 나이 들어감을 표현할 때도 독창적인 신조어를 만듭니다.

'오케즈쿠리(노화 만들기)', '오이루 쇼크(노화 쇼크)'처럼 노화의 과정마저도 유쾌하게 풀어내는 그의 센스는 정말 대단합니다.

부가 가치는 관점의
차이에서 시작된다

부가 가치는 '관점'에서 시작됩니다. 관점을 바꾸면 숨겨진 부가 가치를 발견할 수 있습니다.

관점이 중요한 이유는 '생각'이라는 행위가 여러 방향으로 관점을 전환하는 데서 출발하기 때문입니다. 관점을 자유롭게 전환하는 사람은 사고력이 풍부합니다. 관점을 바꾸면 보이는 풍경이 달라져 새로운 부가 가치를 발견하기 쉬워집니다.

부가 가치는 반드시 새로움을 뜻하지 않습니다. 이미 존재하는 것

속에서도 부가 가치를 발견할 수 있습니다. 어쩌면 그것은 보물을 찾는 탐험가의 감각과도 닮았을지 모릅니다. 부가 가치는 조개 속 진주처럼 발견하기 전까지는 눈에 띄지 않습니다. 문제는 그 존재조차 모를 때가 많다는 점입니다. 하지만 탐험가처럼 관심을 기울여 자세히 살피면 숨겨진 '부가 가치'를 발견할 수 있습니다.

보물찾기를 앞둔 아이처럼 설레지 않으신가요? 우리는 이제 '부가 가치 발굴단'의 일원이 되었습니다. 장비는 이 책에서 소개하는 다양한 기법들입니다.

내 일이 될 때 비로소 빛나는 부가 가치

10대 시절, 제가 좋아하던 소녀가 즐겨 듣던 노래가 있습니다. 처음엔 별 감흥이 없었지만, 그녀가 좋아한다는 이유로 자꾸 듣다 보니 어느새 저도 좋아하게 되었고, 그 노래에 특별한 '부가 가치'가 생겼습니다.

이처럼 특별한 계기로 그동안 관심이 없었던 대상에 호기심이 생기기도 합니다. 특히 좋아하는 사람이 좋아하는 것이라면 부가 가치는 더욱 커집니다. 부가 가치에는 '접착 효과'가 있습니다. 무심히 지나친 것에도 부가 가치가 더해지면 관심이 생겨 다시 보게 됩니다. 즉, 새로운 '연결 고리'가 생기는 것이죠.

이 연결 고리를 만드는 요소는 '세 가지'입니다.

나의 일, 주변 사람의 일, 사회의 일입니다.

예를 들어, 좋아하던 소녀가 즐겨 듣던 노래라는 사실을 알게 되면 그 곡은 자연스럽게 '나의 일'이 됩니다. 또 어떤 유명인이 나와 같은 학교 출신임을 알게 되면 친근함이 생기고 팬이 되기도 합니다. 이처럼 나와 연결되는 순간, 그것은 '나의 일'이 되는 것입니다.

'주변 사람의 일'이란 가족, 친구, 동료처럼 나와 연결된 사람들이 관심을 갖는 일을 뜻합니다. 가족이 좋아하는 연예인에게 자연스럽게 호기심이 생기는 마음도 그 대표적인 예라 할 수 있습니다. 반면, '사회의 일'은 보다 공적인 시각이 반영된 것입니다. 환경보호나 재해 피해 주민 돕기 등이 여기에 해당됩니다.

이처럼 '세 가지 일'에 영향을 받으면 부가 가치가 생기기 쉽습니다.

부가 가치는 다소 거창하고 어려워 보이지만, 사실은 떨어진 것들을 연결하는 접착제와 같습니다.

전통 과자를 만드는 한 업체는 자체 매장을 운영했지만, 매출이 줄어들자 이를 극복하기 위해 신상품 개발에 나섰습니다. 그렇다고 완전히 새로운 제품을 만든 것은 아니었습니다. 기존 가정용 제품에 '포장' 요소를 더해 신물용으로 재구성한 것이죠.

한 사람씩 나눠 먹기 좋게 개별 포장을 도입하고, 디자인도 귀엽고 세련되게 바꿨습니다. 또 바로 선물하지 못하는 상황을 고려해 보관성과 유통기한도 개선했습니다. 이렇게 선물용 과자를 매장에서 적극적으로 홍보하자 매출이 눈에 띄게 증가했습니다.

'전통 과자의 고급화'를 통해 신규 고객을 유치한 가게도 있습니다. 이 회사는 고급 과일이나 디저트를 대신할 고급 전통 과자로 치열한 선물 시장에서 승부를 걸기로 했습니다. 엄선한 재료를 사용하고, 포장에 스토리를 담아 고급스러운 이미지를 강조했습니다. 그 덕분에 방송에 소개되면서 선물용 전통 과자로서 확실한 입지를 다질 수 있었습니다.

이런 사례도 있습니다. 한 전통 제과점은 '흠 있음'을 오히려 마케팅 포인트로 삼아 큰 인기를 끌었습니다. 여기서 말하는 '흠'은 단순히 모양이 예쁘지 않은 과자를 할인 판매하는 수준이 아닙니다. 재미있는 흠을 '의도적'으로 만들어 '흠 있음'이라는 이름으로 상품화한 것이죠.

예를 들어, 카스텔라 안에 병아리 모양 앙금을 여러 마리 숨겨

놓고, 잘랐을 때 병아리가 나타나도록 연출해 소비자에게 신선한 재미를 주었습니다. 이 아이디어는 SNS를 통해 빠르게 퍼졌고, '흠 있음'을 부가 가치로 전환한 사례로 주목받았습니다.

지금까지의 세 가지 사례에는 공통점이 있습니다. 바로 '연결성'을 만들어냈다는 점입니다.

선물용 상품은 '주변 사람'과의 연결을, '흠 있음' 상품은 '나'와 '주변 사람' 모두와의 연결을 형성했습니다. 이처럼 '세 가지 요소'를 고려하면 부가 가치를 만들기 쉬워집니다.

단 한 사람의 기쁨을
먼저 생각하자

 부가 가치의 중요성은 알지만 막상 어떻게 만들지 막막하다는 말을 자주 듣습니다. 이론과 실천은 다르기 때문이죠. 골프 스윙 이론을 안다고 해서 곧바로 실력이 늘지 않는 것과 마찬가지죠. 그래도 가능한 한 빨리 부가 가치를 만들고 싶다면, 지금부터 이 비법 하나를 기억해 주세요.

 바로 '단 한 사람만을 생각하자'입니다.

 많은 사람을 만나보며 깨달은 건, 부가 가치를 잘 만들지 못하는 사람에게는 공통으로 '사람의 마음을 읽는 능력'이 부족하다는 점입니다. 예를 들어, 고객을 떠올릴 때 그 이미지가 대체로 막연합니다. 해상도가 흐릿한 상태인 거죠.

'30대 여성, 도쿄 근교 거주, 취미는 미용. 쉬는 날엔 자기 계발을 하고, 저녁엔 친구들과 맛집에 간다…'

이는 마케팅에서 흔히 하는 '페르소나를 설정'하는 작업입니다. 고객 이미지를 선명하게 하기 위해 페르소나를 만드는 것이지만, 결국 '그림 속 인물'처럼 손에 닿지 않는다는 한계가 있습니다. 물론 페르소나 설정 자체가 전혀 도움이 되지 않는다는 뜻은 아닙니다.

문제는 페르소나를 설정하는 것만으로는 사람의 '심리'를 파악하기가 어렵다는 점입니다. 고객 이미지를 구체화할 때 반드시 고려해야 할 요소는 심리, 즉 본심과 무의식 속 욕구입니다. 그것을 이해해야만 제대로 대응할 수 있습니다.

그렇다면 어떻게 고객의 본심과 무의식적 욕구를 파악할 수 있을까요?

제가 추천하는 방법은 한 사람을 특정하고, 그를 하나의 캐릭터처럼 구체화하는 것입니다. 이 방식은 소설가나 만화가들이 작품을 만들 때 자주 사용하는 기법입니다.

'등장인물을 설정하고, 그 인물이 무엇을 생각하고 어떻게 행동할지를 상상해 보는 것'이죠. 몰입하다 보면 마치 살아 있는 인물이 되어 나를 안내해 주는 느낌을 받을 수 있을 것입니다.

이런 기법은 부가 가치를 만드는 데에도 충분히 활용할 수 있습니다. 예를 들어, 대학 수험생을 위한 상품과 서비스에 부가 가치를 담고 싶다면, 먼저 한 명의 수험생을 구체적인 캐릭터로 설정해 보는 것입니다. 그 인물이 어떻게 생각하고 행동할지 상상하는 것이죠. 물론 아무런 정보 없이 캐릭터를 만들 수는 없습니다. 기본적인 정보는 사전에 조사해야 합니다. 다만 몇 가지 정보만으로 충분히 이해했다고 착각해 해상도가 낮은 페르소나를 만들어버리는 실수를 경계해야 합니다.

충분한 정보를 모았다면 이제 그 인물에 빙의하듯 몰입해 상상할 차례입니다. 그 캐릭터가 지금 어떤 마음을 지니고 있는지, 어떤 욕구가 있는지, 평소에는 어떻게 행동하는지, 친구나 가족과는 어떤 관계를 맺고 있는지, 또 앞으로 무엇을 꿈꾸는지를 구체적으로 떠올려보십시오.

상상이 길어질 수도 있지만, 그만큼 고객의 이미지는 점점 선명해집니다. 처음에는 한 사람만을 구체적으로 그려보고 그 인물이 생생해지면 다음 캐릭터로 확장해 나가면 됩니다.

저 역시 이 방법을 자주 활용합니다. 구체적인 이미지를 떠올리기 위해 얼굴이나 옷차림까지 설정하고, 때로는 유명인의 얼굴을

빌리기도 합니다. 그리고 그 캐릭터가 지금 어떤 생각을 하고 어디에 있는지 등 확장된 이미지를 언어로 표현해 봅니다. 그러다 보면 부가 가치에 대한 힌트를 곳곳에서 발견할 수 있게 됩니다.

이렇게 구축한 이미지를 데이터 분석이나 AI와 결합하는 것도 효과적인 방법입니다. 또 설정한 그룹에 속한 사람에게 직접 물어보는 것 역시 이미지의 해상도를 높이는 데 큰 도움이 됩니다.

고객의 기쁨이 곧
진짜 부가 가치다

오키나와에서 있었던 일입니다. 여행 중 그릇을 사고 싶어 가게에 들렀지만, 마음에 쏙 드는 그릇을 찾지 못해 아쉬움이 남았습니다. 그런 제 모습을 본 가게 사장님이 조심스럽게 물었습니다.

"어떤 그릇을 찾으시나요?"

저는 제 머릿속에 떠오르는 대략적인 이미지를 더듬더듬 설명했습니다. 그러자 사장님은 뜻밖에도 이렇게 말했습니다.

"말씀하신 느낌의 그릇이라면, 제가 아는 다른 가게에 있을 거예요."

사장님은 자신의 가게에 있는 유사한 그릇을 권하지 않고, 제가 찾는 그릇이 있을 법한 다른 가게를 소개해 주셨습니다.

"그 가게에 비슷한 그릇이 있을 거예요. 괜찮으시면 한번 가보세요."

이토록 친절한 이유가 궁금해서 사장님께 여쭤보았습니다.

"혹시 그 가게도 이곳에서 운영하는 지점인가요?"

사장님은 웃으면서 답하셨습니다.

극도로 친절하신 사장님

"아니에요, 전혀 그렇지 않아요. 같은 업종일 뿐이죠. 오키나와를 찾은 손님이 좋은 추억을 안고 가시길 바라는 마음에서입니다."

그 순간 포근한 정을 느꼈습니다. 추천받은 가게에서 마침내 찾던 그릇을 손에 넣은 후, 여행의 추억이 깃든 그 그릇은 지금도 제게 '부가 가치가 담긴 그릇'으로 남아 있습니다.

부가 가치는 곧 '행복의 원천'입니다. 고객이 무엇에 기뻐할지를 진심으로 고민하고, 그 마음을 상품과 서비스에 담아내는 일. 언뜻 당연해 보이지만, 그 사장님처럼 마음을 다하기란 결코 쉽지 않습니다. 예상을 뛰어넘는 감동, 그것이 바로 진정한 부가 가치입니다.

'아이리스 오야마'는 다양한 가전제품, 주방용품, 가구, 생활잡화 등을 생산하는 생활용품 제조업체입니다. 이 회사의 회장인 오야마 히로시大山泰弘 씨는 저서에서 이렇게 말했습니다.

"경영은 『프러덕트 아웃Product Out』, 『마켓 인Market In』, 『유저 인User In』이라는 세 가지 축에서 바라봐야 합니다."

흔히 '프러덕트 아웃'의 반대가 '마켓 인'이라고 생각하지만, 가장 중요한 것은 '유저 인'입니다. 여기서 말하는 '유저 인'이란 '엔드 유저(최종 사용자)'를 뜻합니다. 즉, 최종 사용자의 관점에서 생각하고, 그들의 마음을 이해해야만 비로소 좋은 상품을 만들 수 있다는 것이 '유저 인'의 핵심입니다.

저는 소비자를 행복하게 만드는 것이 부가 가치라고 믿기에 '유저 인'의 중요성에 깊이 공감합니다. 소비자가 무엇에 기뻐하고 만족하는지를 파악하고, 최선을 다해 서비스를 제공하는 것, 이 또한 부가 가치의 본질이라 할 수 있습니다.

의도된 수고로움,
부가 가치의 비밀

오키나와에서의 경험은 수고로움을 마다하지 않은 따뜻한 마음 씀씀이가 곧 부가 가치로 이어질 수 있음을 보여준 좋은 사례였습니다. 요즘처럼 효율적인 시간 관리를 중요시하는 사회에서는 높은 효율과 짧은 시간, 군더더기 없는 편리함이 마치 부가 가치의 기본 조건처럼 여겨지곤 합니다. 물론 효율성과 시간 절약은 분명한 부가 가치입니다.

하지만 사람의 마음은 묘해서 지나치게 간편하고 효율적이기만 하면, 오히려 설명할 수 없는 허전함이나 알 수 없는 죄책감이 밀려오기도 합니다.

Oisix('Oisix ra daichi Inc'로 도쿄 사나가와에 본사를 둔 신선식품 유통

기업-역자)의 인기 상품 중 하나인 'Kit Oisix'는 그런 허전한 마음을 채워주는 제품입니다. Kit Oisix은 Oisix에서 제공하는 밀키트 제품으로 약 20분 만에 메인 요리와 사이드 메뉴를 만들 수 있도록 구성되어 있습니다. 고급 재료를 사용해 맛과 영양을 모두 갖춘 점에서도 큰 인기를 얻고 있습니다.

Kit Oisix는 누구나 손쉽게 고급스러운 요리를 완성할 수 있도록 설계되었지만, 동시에 요리하는 사람의 정성과 사랑이 스며들 여지도 남겨두고 있죠. 직장에 다니며 매일 저녁 식사를 정성껏 준비하는 일은 결코 쉬운 일이 아닙니다. 그렇다고 전자레인지에 간편식을 데워내는 것만으로는 가족에게 왠지 모를 미안함과 죄책감이 들기도 하죠. 이 제품은 그런 마음을 헤아려 살짝 손이 가는 요리 과정을 부가 가치로 만든 것입니다. 아무리 간단하고 편리하고 효율적이라 해도 그것만으로는 충분하지 않을 때가 있습니다.

'약간의 수고' = 쾌감

'약간의 수고로움'을 부가 가치로 바꾼 사례는 이 외에도 많습니다. 예를 들어, 최근에는 사와(술 종류)에 들어가는 생레몬즙을 손님이 직접 갈아 넣도록 한 술집들이 늘고 있습니다. 이 역시 술을 맛있게 느낄 수 있도록 '의도된' 연출입니다.

또 다른 예로, 햄버거로 유명한 한 가게에서는 뜨겁게 달군 철판 위에 햄버거를 올려 제공하면서 기름이 튀는 것을 방지하기 위해 손님에게 앞치마를 착용해 달라고 요청합니다. 다소 번거롭게 느껴질 수도 있지만, 오히려 그런 절차가 '맛있는 햄버거를 먹는 경험'에 대한 기대감을 높여주는 요소가 되고 있습니다.

이처럼 '약간의 수고로움'을 의도적으로 도입한 상품과 서비스는 손님에게 즐거움을 줄 뿐 아니라, SNS와 동영상을 통해 '화제'가 될 수 있다는 점에서 점점 더 주목받고 있습니다.

우리 뇌는 '약간의 수고로움'을 오히려 즐거움으로 인식한다고 합니다. 수고는 곧 '쾌감을 불러오는 행위'가 되는 셈입니다.

시간과 노력을 들여 무언가를 이루면 우리 뇌는 도파민이라는 쾌락 물질을 분비합니다. 수고 끝에 얻은 결과는 성취감과 만족감을 주며 이는 곧 쾌감으로 이어지죠.

애초에 인간은 진화 과정에서 생존에 필요한 음식과 물 같은 자원을 얻기 위해 끊임없이 움직여야만 했습니다. 노력 끝에 주어지는 보상은 삶을 유지하는 데 중요한 역할을 합니다. 그래서 투자한 시간과 노력에 비례해 쾌감이라는 보상이 따라오는 것입니다.

심리학에는 '이펙트 저스티피케이션 Effect Justification'이라는 개념이 있습니다. 우리말로는 '노력의 정당화'라고 번역되는데, 사람은 자신이 애쓴 일에 대해 더 큰 의미와 가치를 부여하는 경향이 있다고 합니다. 곧 자신의 노력을 정당화하고 싶어 하는 심리입니다.

지금까지 소개한 약간의 수고로움은 일종의 '가벼운 노력'에 속하며, 이러한 노력은 높은 확률로 부가 가치로 이어집니다. 하지만 때로는 '엄청난 노력'이 더 큰 부가 가치를 만들어내기도 합니다. 예를 들어, 집을 직접 짓는 일은 말 그대로 엄청난 노력이 필요한 작업입니다. 그러나 모든 수고가 반드시 부가 가치로 연결되는 것은 아닙니다. 때로는 불필요한 가치로 전락하기도 하니 주의가 필요합니다.

부가 가치가 되는지 여부를 가르는 기준은 수고로움을 겪은 사람이 그 안에서 '자기만의 의미'를 발견했는가에 달려 있습니다. 의미를 발견했다면 그것은 부가 가치가 되고, 그렇지 못하다면 불필요한 노고로 남게 됩니다.

따라서 수고로움은 상황에 따라 부가 가치가 되기도, 불필요한 가치가 되기도 하므로 이를 명확히 구분하는 것이 중요합니다.

'명쾌한 전달력'도
부가 가치다

편집 일을 하는 사람들이 자주 사용하는 기법의 하나가 '명쾌한 전달력'입니다. 명쾌한 전달력이란, 복잡한 내용을 알기 쉽게 풀어내고, 의미가 잘 전달되도록 구성하는 작업을 말합니다.

TV홈쇼핑은 명쾌한 전달력을 가장 중요하게 여깁니다. 제품 성능을 한눈에 알 수 있도록 설명하는 것은 기본이고, 사용자 후기와 진행자의 생생한 소감까지 더해 정보를 전달하는 경우가 많습니다. 이처럼 성능과 감정을 함께 전달할 때 명쾌한 전달력은 한층 더 강화됩니다.

명쾌한 전달력이 부가 가치가 되는 이유는 세상에는 '정체를 알 수 없는' 상품과 서비스가 너무 많기 때문입니다. 자신이 취급하는 상품과 서비스의 '명쾌한 전달력'을 점검해 보면, 부가 가치를 만드는 힌트를 얻을 수 있습니다.

사회 현상에 이름을 붙이는 것도 '명쾌한 전달력'을 높이는 효과적인 방법입니다. 세대를 구분하는 다양한 네이밍이 대표적인 예입니다.

단카이 세대(1947년~1949년생), 신인류 세대(주로 1955년~1965년생), 버블세대(주로 1965년~1970년생), 단카이 주니어 세대(주로 1971년~1974년생), 유토리 세대(주로 1987년~2004년 출생), 밀레니얼 세대(주로 1980년대~1990년생), 사토리 세대(주로 1980년대 후반~2000년 초반생), Z세대(주로 1990년대 후반~2000년대 초반생).

세대를 하나의 이름으로 통칭하는 것은 그 집단을 대표하는 특징으로 규정하는 행위입니다. 물론 세대마다 공통된 성향이 있을 수 있지만, 모든 구성원이 해당하는 것은 아닙니다. 세대를 특정 이름으로 규정하는 것은 명쾌한 전달력을 높이는 데는 효과적이지만, 사람들을 지나치게 일반화하는 부작용도 있다는 점을 명심해야 합니다.

'명쾌한 전달력'이 꼭 완벽한 전달을 의미하는 것은 아닙니다. 오히려 핵심적인 특징만을 정확히 짚어내는 데 더 가까운 개념입니다.

정확성만 놓고 보면 '명쾌한 전달력'이 언제나 정답이 아닐 수도 있지만, 무엇을 목표로 하느냐에 따라 그 해석은 달라질 수 있습니다.

그렇다면 이제부터 '쉽게 전달하는 방법' 몇 가지를 소개해 드리겠습니다.

쉽게 전달하는 방법

방법1 이름을 붙인다

방법2 전문 용어나 어려운 말을 피한다

방법3 시각화하여 이미지가 떠오르게 한다

방법4 사례를 활용한다

방법5 내용을 순서 있게 배열한다

방법6 구체적인 예를 든다

방법7 비교를 통해 차이를 드러낸다

방법8 누구나 익숙한 것에 비유한다

방법9 불필요한 부분을 덜어내고 간소화한다

기본 가치 없이는
부가 가치도 없다

여기서 기존 가치와 부가 가치의 차이를 다시 한번 짚고 넘어가겠습니다. 가치는 크게 세 가지로 나눌 수 있습니다.

이어 '세 가지 가치' 중 기존 가치와 부가 가치의 관계를 살펴보

세 가지 가치

- 기존 가치: 예상 범위 안에서 얻을 수 있는 가치
- 부가 가치: 예상을 뛰어넘는 가치
- 불필요 가치: 부가 가치의 기능을 상실한 것

겠습니다. 일본을 대표하는 수건 브랜드 '이마바리 타올今治タオル'을 예로 들어보겠습니다. 저도 평소에 이 수건을 애용하는데 부드러운 촉감과 구김이 잘 가지 않는 뛰어난 품질에 늘 감탄하게 됩니다. 이마바리 타올의 브랜드 전략을 담당한 아트디렉터 사토 가시와佐藤可士和 씨는 저서에서 이렇게 말했습니다.

"새로운 가치를 창조하는 것이 브랜드 전략의 핵심이다."
"쉽지 않았지만, 커뮤니케이션 전문가로서 이마바리 타올의 가치를 제대로 전달할 수 있었던 것에 보람을 느낀다."
"직접 사용해 보며 세계가 인정한 품질을 실감할 수 있었다."

그는 이마바리 타올의 가치가 어디에서 비롯되는지를 철저히 분석하고 찾아내는 데 집중했다고 합니다. 중요한 것은 기존 가치가 충분히 갖춰져 있어야 부가 가치도 빛을 빌릴 수 있디는 점입니다. 이마바리 타올 역시 뛰어난 품질이 뒷받침되었기에 부가 가치를 더할 수 있었던 것이죠.

개인적인 생각이지만 이마바리 타올의 진짜 가치는 '세계가 인정한 품질'과 '부드러운 흡수력'에 있다고 봅니다. '수건계의 에르메스'라고 불러도 손색이 없을 정도죠. 그리고 그 뛰어난 품질을 제대로 알리고 그 가치를 더욱 높여주는 것이 바로 부가 가치의 역할이라 할 수 있습니다.

예를 들어, 이마바리 타올에는 정품임을 나타내는 독특한 로고가 붙어 있습니다. 이 로고 역시 사토 가시와 씨가 직접 디자인한 것이라고 합니다 또한 로고 뒷면에는 4자리 숫자가 석혀 있는데, 이는 품질에 이상이 있을 때 제조 공장을 추적할 수 있도록 부여된 고유 번호입니다.

이마바리 타올은 우수한 품질이라는 '기존 가치'에 품질을 보증하는 시스템이라는 '부가 가치'를 더해낸 사례입니다. 이처럼 부가 가치를 발견하고 만들어 효과적으로 전달했기에 이마바리 타올은 리브랜딩에 성공할 수 있었습니다.

본래의 가치를 널리 알리기 위해 이마바리 타올은 다양한 부가 가치를 기획하고 전달하며 브랜드 파워를 키워갔습니다. 결국 브랜딩이란 곧 '부가 가치를 만들어내는 과정'이라 할 수 있습니다.

마이너스 부가 가치의 리스크

지속 가능한 사회를 위한 실천은 이제 선택이 아닌 필수가 되었습니다. 상품이나 서비스를 고를 때 SDGs 참여도를 중요하게 여기는 소비자도 적지 않습니다. 하지만 이런 활동이 곧바로 부가 가치로 이어지지는 않습니다. 이미 많은 기업이 동참하고 있어 '당연한 일'로 여겨지기 때문입니다. 초창기에는 분명 부가 가치로 인정받던 활동도 시간이 지나 경쟁자가 많아지면 더 이상 차별점이 되지 않습니다. 부가 가치는 이처럼 시간에 따라 변화하는 속성을 지닙니다.

그렇다면 SDGs 같은 활동을 하지 않아도 부가 가치 창출에는 문제가 없을까요? 그렇지 않습니다. 오히려 참여하지 않게 되면 부정적인 부가 가치가 작동할 수 있기 때문입니다.

부가 가치는 긍정적인 면뿐 아니라, 부정적인 면도 주의 깊게 살펴야 합니다.

특히 부정적인 부가 가치는 긍정적인 부가 가치보다 훨씬 강력한 영향을 미칩니다. 좋은 정보보다는 나쁜 정보가 사람들에게 더 빠르게 전달되기 때문입니다. 부정적인 부가 가치는 곧 리스크가 됩니다. 예를 들어, 갑질 의혹이 제기된 정치인이 징횡 증기가 드러났음에도 언론 인터뷰에서 '조사 중이라 답변할 수 없다'라는 말만 반복한다면, 그에 대한 부정적인 부가 가치가 형성될 수밖에 없습니다. 부정적인 부가 가치는 긍정적인 부가 가치보다 치명적인 부작용을 초래할 수 있습니다. 각별한 주의가 필요한 이유입니다.

마트에서 쌀이 사라졌다는 뉴스가 연일 화제가 된 적이 있습니다. 여러 원인이 복합적으로 작용한 결과이지만, 이 뉴스를 더욱 크게 키운 건 '레이와令和(2019년을 원년으로 하는 일본의 연호) 쌀 대란'이라는 부정적인 부가 가치가 덧씌워진 네이밍이었습니다.

'악사천리惡事千里'라는 옛말이 있습니다. 나쁜 소식은 금세 천리 밖까지 퍼진다는 뜻이지요. 부정적인 부가 가치도 다르지 않습니다. 이는 요즘에만 있는 현상이 아닙니다. 인간은 본래 부정적인 이야기에는 더욱 민감하게 반응하고, 더 쉽게 귀를 기울이는 성향이 있기 때문입니다. 부정적이거나 위협적인 정보는 생존과 직결되기에 뇌는 이를 빠르고 민첩하게 감지하도록 진화해 온 것입니다.

『행복론』으로 잘 알려진 알랭André Maurois은 이렇게 말했습니다. "비관주의는 기분의 산물이고, 낙관주의는 의지의 산물이다."

비관적인 생각은 무의식적으로 쉽게 떠오르지만, 낙관적인 생각은 의식적인 노력이 필요하다는 뜻입니다. 마찬가지로 부정적인 부가 가치를 만들지 않으려면, 의식적으로 경계하고 세심한 주의를 기울여야 합니다.

칼럼

'작은 실패' 뒤에 숨은
'보이지 않는 실패'

부가 가치가 긍정적 측면과 부정적 측면을 함께 지니듯이 실패에도 '보이는 실패'와 '보이지 않는 실패'가 존재합니다. '보이는 실패'란 누구나 인정할 수 있는 명백한 실패를 말합니다.

반면, '보이지 않는 실패'는 다소 복잡합니다. 깊이 고민하고 검증하지 않으면 실패한 사실조차 모른 채 지나갈 수 있습니다. 예를 들어, 새로운 기획을 시작한다고 가정해 봅시다. 기획안이 시장에서 좋은 반응을 얻지 못했다면 이는 명백한 실패입니다. 하지만 기획이 반대에 부딪혀 폐기되면, 그 기획안대로 추진했을 때의 성과는 알 수 없게 됩니다. 이것이 바로 '보이지 않는 실패'입니다.

도전하는 사람에게는 실패가 따르기 마련이지만, 도전을 피하는 사람은 실패조차 경험하지 못하게 됩니다. 결국 도전을 회피하는 것이 더 큰 실패로 이어질 가능성이 크죠.

부가 가치도 마찬가지입니다. 부가 가치를 만드는 과정에는 실패가 필연적으로 따릅니다. 하지만 도전을 계속하다 보면 점점 감이 생기게 되고, 그러다 홈런을 치는 순간도 찾아오게 됩니다. 그래서 결과에 상관없이 타석에 서는 경험이 중요한 것입니다. 비록 타석에서 삼진아웃을 당하더라도 홈런은 오직 타석에 있을 때만 칠 수 있기 때문입니다. 타석에 서지 않는 사람은 보이지 않는 삼진아웃을 당하고 있는 셈입니다.

부가 가치를 만드는 실전 노하우

재정의화	부가 가치를 만드는 생각과 기법	선택지 플러스 법칙
프롤로그화	이동법	체험화	멀티 부가 가치화
있는 관점과 없는 관점	분해법	정리(수납)법	곱셈법
접목법	세분화	이익을 위한 손해의 기술	임팩트화
표현 전환법	소소한 잡담 플러스	불편 해소	명쾌한 전달력
방향 전환법	비포 애프터 애프터	주객전도법	수고화

부가 가치를 만드는 기법
있는 관점과 없는 관점

고향 납세(일본에서 지방 자치단체에 기부하면 세금 공제와 답례품을 받을 수 있는 제도-역자)를 이용하는 납세자 인원이 전국에서 약 1,000만 명을 넘어섰다고 합니다(2024년 현재). 저도 얼마 전 고치현 우마지촌馬路村에 고향 납세를 했습니다. 답례품으로 삼나무로 만든 국그릇이 도착했는데 동봉된 마을 팸플릿이 무척 흥미로웠습니다.

팸플릿에는 '마을에 있는 것', '마을에 없는 것'이 나뉘어 적혀 있었습니다. '마을에 없는 것'에는 편의점, 스타벅스, 맥도날드 등이 있었죠. 그렇다면 '마을에 있는 것'에는 어떤 것들이 있었을까요?

우마지촌 팸플릿 내용

마을에 없는 것

신호등, 안마실, 편의점, 스타벅스, 맥도날드, 예쁜 카페, 서점, 닝화산, 학원, 고등학교, 드럭스토어, 생활 잡화점, 야마다 전기 등 없는 게 많습니다. 하지만 산에는 산나물이 강에는 은어와 장어가 있습니다.

마을에 있는 것

신선한 공기, 아침을 깨우는 솔새 소리, 은어가 헤엄치는 강(나와 함께), 이웃과 반찬 나누기, 개구리 울음소리, 계곡에서 불어오는 시원한 바람, 한가로운 시간, 일손돕기 아르바이트, 매끈한 온천수(유료), 시골 초밥, 풀베는 기계 소리, 산나물, 멧돼지 고기, 깨끗한 샘물, 고요한 밤과 칠흑 같은 어둠.

우마지촌 마을 사무소
〒781-6201 고치켄 아키군 우마지무라 오오아자 우마지
443번지 TEL: 0887-44-2114

'마을에 있는 것'에는 신선한 공기, 아침을 깨우는 솔새 소리, 이웃과 반찬 나누기, 계곡에서 불어오는 시원한 바람, 한가로운 시간… 매력적인 것들이 가득 적혀 있습니다. 흔히 '시골에는 아무것도 없다'고들 말합니다. 하지만 우마지촌의 팸플릿을 보면

절대로 그렇지 않다는 것을 알 수 있습니다.

저는 이를 '있는 관점과 없는 관점'이라고 부릅니다. '없다'라는 관점에서 보면 아무것도 없는 듯 보이지만, '있다'라는 관점에서 보면 분명히 보이는 것들이 많습니다. 우마지촌의 사례는 '있는 관점'에 속합니다. 그리고 '있는 관점'은 부가 가치를 발견하는 방법의 하나이기도 합니다.

'보이지 않는 것'에도 부가 가치가 있다

'있는 관점'과 관련해 기억에 남는 경험이 있습니다. 오키나와 구다카섬久高島이라는 곳을 여행했을 때의 일입니다.

구다카섬은 오키나와, 즉 옛 류큐 왕국에 신이 처음으로 내려온 신성한 장소로 알려져 있습니다. 이 섬에서는 동식물, 돌, 모래, 산호 조각 등 자연물을 섬 밖으로 반출하는 것이 금지되어 있고, 지금도 '신의 섬'으로 불립니다. 섬에는 여행객의 출입이 제한된 구역이 몇 군데 있는데, 그중 하나가 '미타케御嶽'입니다.

오키나와 곳곳에는 신에게 기도를 올리는 장소인 미타케가 있으며, 구다카섬에 있는 일부 미타케는 일반인의 출입이 금지되어 있습니다. 그런데 놀라운 것은 출입 금지 구역임을 알리는 안내판이나 표지판이 어디에도 없다는 점입니다. 아무런 표시도 없는 그 자리가 오직 현지인들 사이에서만 '신의 장소'로 전해지고, 지금까지 조용히 지켜져 온 것입니다. 신사 앞에 문을 세워두거나 본전을 따로 지어놓은 것도 아닙니다. 아무런 설명을 듣지 않고 사진만 보면 그저 평범한 자연 풍경처럼 보일 뿐입니다. 그렇지만 그곳은 분명 신성한 기도의 장소입니다. 그 자리에 '무언가 소중한 것'이 존재하고 있기 때문이겠지요.

눈에 보이는 것만이 부가 가치는 아닙니다.

매일 반복되는 업무에도 '보이지 않는 일'들이 있습니다. TO DO 리스트에는 들어가지 않았지만 분명 시간을 빼앗아 가는 일들입니다.

- **전화를 받는다**
- **부재 중인 사람에게 걸려 온 연락을 처리한다**
- **복사기에 용지를 채운다**
- **파쇄기에 가득 찬 쓰레기를 비운다**

이 외에도 셀 수 없이 많습니다. 겉으로 드러나는 업무는 쉽게 인정받지만, 보이지 않는 일은 그 가치가 종종 외면받곤 합니다.

그러나 그런 보이지 않는 일을 묵묵히 해 주는 사람이 있기에 회사와 팀이 원활하게 돌아갈 수 있습니다. 따라서 '보이지 않는 부분의 가치를 알아보는 것'은 조직 운영에 있어 매우 중요한 부분입니다.

업무는 부가 가치를 창출하는 일과 단순 작업으로 나뉘지만, 보이지 않는 일 역시 부가 가치로 인식될 때 조직은 한층 더 건강하고 나은 방향으로 나아갈 수 있습니다.

예전에 '이름 없는 집안일'이라는 키워드가 많은 여성의 공감을 불러일으킨 적이 있습니다. 가득 찬 쓰레기통을 비우고, 다리미질을 하고, 식사 메뉴를 고민하고, 침구를 정리하고, 컵을 치우는 일들… 그동안 당연하게 여겨온 가사 노동이 재조명되면서 가족들이 미처 몰랐던 엄마의 노력을 알리는 데 큰 역할을 했습니다.

우리는 눈에 보이는 것에만 가치를 두기 쉽습니다. 하지만 실제로는 보이지 않는 곳에도 중요한 가치가 숨어 있는 경우가 많습니다. '이름 없는 가사일'은 그런 숨겨진 가치를 발견해 낸 사례입니다.

보이지 않는 부가 가치의 가시화

보이지 않는 곳에도 부가 가치가 존재합니다. 하지만 드러나지 않으면 그 가치를 알아채지 못하고 지나치게 됩니다. 자신이 부가 가치라고 여겨도 상대가 그렇게 인식하지 않는다면, 이는 더 이상 부가 가치가 아니게 됩니다. 예를 들어, 최상급 달걀로 만든 마요네즈를 판매했는데 소비자가 그 재료의 차이를 알지 못한다면, 고가의 달걀은 부가 가치가 아닌 '불필요 가치'로 남게 됩니다.

부가 가치는 '티 나게' 보여줘야 합니다!

'부가 가치를 만들어내는 기법'을 적절히 활용하면, 그 가치를 눈에 보이게 만들 수 있습니다. 저는 스포츠 경기를 자주 관람하는데, 지하철역과 거리가 먼 경기장일수록 자동차를 이용하게 됩니다. 그런데 문제는 주차장이 협소해 금세 만차가 된다는 점입니다. 그렇다고 주차장을 새로 짓자니 비용도 많이 들고, 적절한 공간도 마땅치 않습니다.

이런 문제를 해결하기 위해 등장한 것이 바로 아킵파akippa입니다. 아킵파는 개인이나 기업이 소유한 주차 공간을 비어 있는 시간대에 대여할 수 있도록 중개해 주는 서비스입니다.

주차 공간이 남는 사람은 그 공간을 활용해 수익을 얻을 수 있고, 주차할 곳을 찾지 못해 곤란했던 사람은 새로운 주차 공간을 확보할 수 있습니다. 그리고 아킵파를 운영하는 회사는 그 과정에서 매출을 올리게 됩니다. 말 그대로 모두가 윈윈하는 비즈니스 모델인 셈입니다.

이것이 바로 '있는 것을 활용하는' 관점입니다. 앞서 언급한 '있는 관점과 없는 관점' 중 '있는 것'을 찾아 부가 가치로 연결한 대표적인 사례라 할 수 있습니다.

"없는 것은 없다."

이 말은 시마네현 아마초島根県 海士町가 내건 키워드입니다. 2024년 현재 약 2,230명의 인구가 사는 작은 섬이지만, 다양한 활동으로 주목받고 있는 지역입니다. 아마초 마을의 슬로건 '없는 것은 없다'에는 두 가지 의미가 담겨 있다고 합니다.

① **없어도 된다**

② 중요한 건 모두 여기에 있다

'중요한 건 모두 여기에 있다'라는 관점이 인상적입니다. 이런 시각이야말로 부가 가치를 만드는 출발점이 됩니다. 없는 것, 부족한 것에 집중하기보다는 '지금 있는 것'을 최대한 활용하는 데 집중하는 것이 더 현명할 때가 있습니다.

"인력이 부족해서 못 해.", "브랜드 파워가 없어서 힘들어."

실제로 일을 하다 보면 불가능하거나 어려운 일들이 심심찮게 생깁니다.

'없는 건 어쩔 수 없다'라는 전제를 받아들이고, 그 위에서 문제를 해결하는 방안을 모색하려는 자세가 필요합니다. 이와 더불어 지금 우리에게 있는 자원을 분명하게 인식하는 것 또한 중요합니다.

예를 들어, 아킵파는 '주차장이 부족하다'는 문제를 '대신 활용할 수 있는 공간은 없을까?'라는 시각으로 바라보았습니다. '집마다 비어 있는 주차장이 있잖아!' 정확히 이런 말이 오갔는지는 알 수 없지만, 분명 그런 깨달음이 있었을 것입니다. 이러한 인식에서 비즈니스 모델이 탄생한 것입니다.

'없는 것은 없다(=중요한 것은 모두 있다)'는 관점에서 출발한 아이디어들이 세상에는 생각보다 많이 존재합니다. 예를 들어, 타이미Timee(틈새 아르바이트 매칭 플랫폼-역자)는 사람들의 유휴 시간을 일자리와 즉시 연결해 주는 '틈새 시간'을 공략하여 큰 인기를 얻고 있습니다.

그렇다면 '없는 것' 속에서 '있는 것'을 발견하려면 어떻게 해야 할까요?

'있는 관점'을 기르려면 다음 세 가지에 주목할 필요가 있습니다.
'당연한 것', '부정적인 시각', '마음속 욕구'

이 요소들을 긍정의 시각으로 전환해 바라보면, 익숙했던 것들이 곧 부가 가치가 되고, 단점 또한 강점으로 바뀔 수 있습니다. 긍정의 가치를 몸에 익히고 싶다면, 불편하거나 어려운 상황이 닥칠 때마다 연습한다는 마음으로 긍정적인 시각을 적용해 보세요. 또한 평소 당연하게 여겼던 것들 속에 실제로는 소중한 부가 가치가 숨어 있지는 않은지 꼼꼼히 살펴보길 바랍니다.

우리는 건강을 잃고 나서야 평범한 일상의 소중함을 깨닫곤 합니다. 하지만 평소에도 긍정의 시각으로 세상을 바라본다면, 긍정의 가치화가 삶 속에 자연스럽게 스며들 것입니다.

부가 가치를 만드는 기법

재정의화

입시 철이면 수험생에게 행운을 기원하며 네슬레 킷캣^{KitKat} 초콜릿을 선물하는 풍습이 있습니다. 이 관행은 1990년대 후반, 규슈 지역에서 처음 시작된 것으로 알려져 있습니다.

당시 12월에서 1월 사이, 규슈 지역에서만 유독 킷캣의 매출이 눈에 띄게 늘자 네슬레는 그 이유를 조사했습니다. 그 결과 부모와 친구들이 부적 대신 초콜릿을 선물한 것이 매출 증가의 계기이자 이유였습니다. 영어 이름 킷캣이 일본어 'きっと勝つ(킷토가츠, 꼭 이긴다)'와 발음이 유사해 일본에서는 '행운을 부르는 초콜릿'으로 인식되었습니다.

    네슬레는 이 현상을 마케팅에 적극적으로 활용하기 위해 수험생들이 머무는 호텔과 제휴해 킷캣 초콜릿을 나눠주는 캠페인을 벌였습니다. 그 결과 '킷캣 초콜릿 = 수험생 응원 초콜릿'이라는 인식이 일본 전역에 자리 잡게 되었습니다.

    킷캣 초콜릿은 제품 자체에 변화를 주지 않고도 새로운 부가 가치를 만들어 시장을 넓히는 데 성공했습니다. 저는 이와 같은 방식을 '재정의화'라고 부릅니다. 기존의 상품과 서비스를 새롭게 재정의함으로써 그 안에 숨겨진 매력을 다시 조명하는 전략입니다.

    재정의화는 다양한 분야에서 활용될 수 있으며, 상품에 별다른 변화를 주지 않고도 실행할 수 있다는 점에서 큰 장점을 지닙니다. 매출이 감소할 때는 기존 상품이나 서비스의 가치를 새롭게 정의함으로써 브랜드에 다시 활력을 불어넣을 수 있습니다.

재정의화에는 여러 구체적인 방법이 있습니다. 예를 들어, 킷캣과 비슷한 사례는 예전에도 쉽게 찾아볼 수 있습니다.

'勝つ(가츠, 이기다)'와 발음이 같은 가츠돈이나 가츠카레를 입시나 시합 전에 먹는 풍습도 이와 유사한 사례입니다. 이처럼 예전부터 해 왔던 것을 새롭게 재해석해 부가 가치를 만들어내는 방식은 의외로 자주 활용됩니다. 이를 '접목법'이라 하며 자세한 내용은 뒤에서 다루겠습니다.

입시와 관련된 또 다른 사례로는 '떨어지지 않는 사과'를 들 수 있습니다. 이는 태풍으로 대부분의 사과가 낙과 피해를 입은 상황에서 착안한 아이디어입니다. 거의 모든 사과가 떨어진 가운데 유일하게 나무에 매달려 있는 사과에 '떨어지지 않는 사과'라고 이름 붙여 합격을 기원하는 행운의 선물로 판매한 것입니다.

비슷한 사례로 젓가락 앞부분에 미끄럼 방지 처리를 한 제품을 '정말 미끄러지지 않는 젓가락'이라는 이름으로 포장해 합격 기원 상품으로 부가 가치화한 경우도 있습니다. 이처럼 상품이나 상황을 새롭게 재정의함으로써 '합격 기원'이라는 부가 가치를 창출한 것이죠.

재정의화 방법: 접목법

재정의화를 구현하는 방법 중 하나로 '접목법'이 있습니다. 이는 킷캣이나 가츠돈의 사례처럼 예전부터 있던 아이디어나 행동에 자사 제품을 접목해 새로운 부가 가치를 만들어내는 방식입니다. 예를 들어, 행운을 연상시키는 발음과 비슷한 채소나 과일 이름을 찾아보거나, 크리스마스나 밸런타인데이처럼 전 세계가 들썩이는 기념일과 상품을 연관 지어 아이디어를 내보는 것입니다.

재정의화를 시도하다 보면 예상치 못한 새로운 수요가 발견되기도 합니다. 이렇게 무언가를 접목해 부가 가치를 창출하는 방식을 저는 '접목법'이라 부릅니다. 실제로 이 접목법을 도입해 큰 성공을 거둔 사례도 적지 않은데, 그 대표적인 예가 바로 회전 초밥입니다.

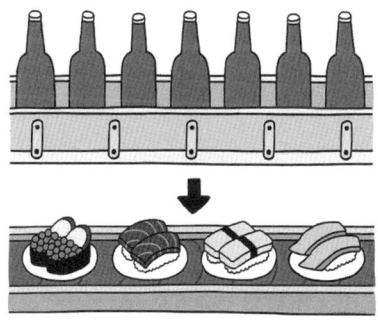

접목법

회전 초밥을 처음 고안한 시라이시 요시아키白石義明 씨는 맥주 공장에서 본 '컨베이어 벨트'를 떠올리며, '이 방식을 초밥에 적용하면 어떨까?'라는 아이디어로 개발에 착수했다고 합니다. 오늘날 전 세계로 퍼져나간 회전 초밥의 출발점은 바로 이러한 '접목법'이었습니다.

또 다른 사례로는 일본의 보온병 브랜드 써모스THERMOS에서 출시한 진공 단열 휴대용 텀블러가 있습니다. 한 손으로도 쉽게 여닫을 수 있는 원터치 방식 덕분에 빠르고 간편하게 마실 수 있다는 점이 인기의 비결입니다. 이 원터치 방식 또한 전혀 다른 분야에서 아이디어를 접목한 결과였습니다.

무엇을 접목했을까?

바로 '라이터'입니다. 한 손으로도 쉽게 뚜껑을 여닫을 수 있는 라이터의 편리함을 텀블러에 접목한 것이죠. 편의성이 눈에 띄게 향상되면서 운동을 하는 사람들은 물론 다양한 세대에게 좋은 반응을 얻고 있습니다.

'접목법'은 새로운 아이디어를 개발할 때 유용한 방법입니다. 저 역시 과거에 이 방식을 도입해 베스트셀러를 기획한 경험이 있습니다. 『50칸 영어 학습지』라는 책인데, 15만 부 이상 판매되며 큰 반향을 일으켰습니다. 당시 베스트셀러였던 『100칸 계산』

학습지에서 영감을 받아 그 개념을 영어 학습지 기획에 접목한 것입니다.

기획 과정은 단순했습니다. 처음에는 무조건 '100칸'을 활용한 기획을 해 보고 싶다는 생각에서 출발했습니다.

- 100칸 두뇌 트레이닝
- 100칸 필체 연습장
- 100칸 사고법

이처럼 '100칸 × ○○' 형식으로 다양한 아이디어를 조합하며 접목을 시도했습니다. 그 과정에서 떠오른 것이 바로 100칸 영어 학습지였습니다. 영어 동사와 전치사를 짝지어 100칸에 채워 넣는 구성을 기획했던 것이죠.

하지만 실제로 만들어보니 100긴은 학습량이 지나치게 많아 보여 부담스럽다는 인상을 줄 수 있었습니다. 결국 50칸 정도가 적당하겠다는 결론에 이르렀고, 그렇게 해서 『50칸 영어 학습지』가 완성되었죠. 이 책 외에도 저는 다양한 기획에서 '접목법'을 자주 활용하고 있습니다.

재정의화에서 생각해야 할 것은
'고객이 있는 시장'

앞서 소개한 '지하철역 계단' 이야기 역시 대표적인 재정의화 사례입니다. 계단을 단순한 이동 수단이 아닌 '운동기구'로 새롭게 재정의한 것이죠. 이처럼 재정의를 통해 큰 성공을 거둔 사례는 매우 많습니다.

그 대표적인 사례가 두부 제조회사 아사히코가 개발한 '두부바'입니다. 사양길에 접어든 전통적인 두부 시장에서 벗어나 성장세에 있는 단백질 시장으로 진출하기 위해 두부를 단백질 보충 식품으로 재정의해 새로운 제품을 선보인 것입니다. 제품명과 마케팅 전략 또한 '두부'보다는 '고단백' 이미지를 강조하며 신시장 공략에 나섰습니다.

기존의 가치를 뛰어넘어 새로운 부가 가치로 경쟁하기 위해서는 과감한 '재정의'가 필요합니다. 빠르게 변화하는 시장 환경 속에서 재정의화는 실효성 높은 전략이 될 수 있습니다.

재정의할 때 고려해야 할 몇 가지 포인트가 있습니다.

- 성장 중인 시장
- 고객이 많은 시장

즉, 성장이 기대되는 시장에서 경쟁할 만한 가치가 있는지를 먼저 판단해야 한다는 점입니다.

이와 더불어 재정의를 통해 공략해 볼 만한 시장은 다음과 같습니다.

- 인사이트(잠재적인 니즈)가 있는 시장
- 유사한 종목의 시장

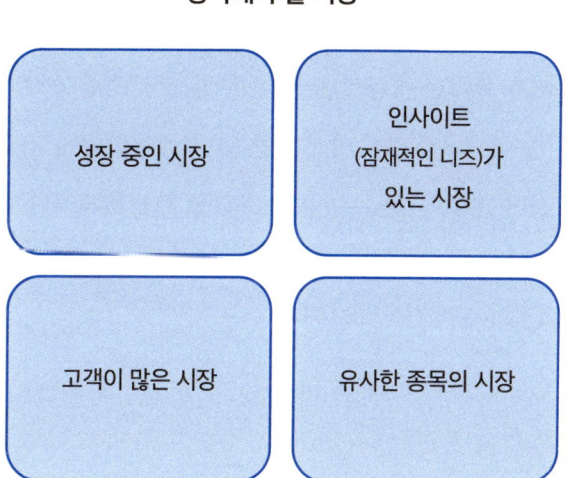

상품이나 서비스를 이처럼 '공략해야 할 시장'과 연결 지어 생각하면, 뜻밖의 아이디어가 쏟아질 가능성이 커집니다.

도쿄 신바시 신쇼도新正堂에서 판매하는 전통 과자 '할복 모니카(할복을 형상화한 독특한 디자인과 일본의 역사와 문화를 담은 붙이기는 모니카 과자-역자)'는 재미있는 재정의로 성공한 사례입니다. 얇고 바삭한 쌀과자 껍질 안에 달콤한 팥소를 넘치도록 집어넣은 인기 상품이죠.

사실 저도 이 '할복 모니카'를 여러 번 구매한 적이 있는데 이유는 바로 사과謝過 때문이었습니다. 업무상 사과해야 할 일이 생길 때마다 저는 할복 모니카를 선물로 가져가곤 했습니다. 이미 눈치채셨겠지만, 할복 모니카가 인기를 끄는 이유는 '사죄용 선물'이라는 부가 가치가 있기 때문입니다.

이 가게가 위치한 곳은 일본의 유명 역사극 '충신장忠臣蔵'에 등장하는 아사노 내작두가 할복했던 대저택이 있었던 곳으로 그 의미를 담아 '할복'이라는 이름의 과자를 선보이게 되었다고 합니다. 이러한 스토리가 담기면서 '일본 전통 과자'가 '사죄의 선물'로 재정의되어 큰 인기를 끌게 된 것이죠. 부가 가치화에 성공한 대표적인 사례라 할 수 있습니다.

이제 구체적으로 재정의화를 실천하는 방법을 소개하고자 합니다.

최근 해마다 서점 수가 줄고 있는 상황에서 오프라인 서점의 부가 가치를 어떻게 재정의할 수 있을지 함께 고민해 보겠습니다.

> **과제: 오프라인 서점의 부가 가치 만들기**

콘텐츠의 다양화, 인터넷 서점의 확산, 전자책 보급 등 시장 환경의 변화로 인해 오프라인 서점 매출이 지속적으로 감소하고 있습니다.

① 기존 가치의 규정

부가 가치를 고민하기에 앞서 먼저 서점의 기존 가치를 정의해 보겠습니다. 서점의 기본적인 역할은 '책, 만화, 잡지 등을 구매하는 장소'입니다.

② 두 가치 관점: 방문 동기와 구매 동기

부가 가치를 창출하기 위해서는 두 가지 관점에서 접근할 필요가 있습니다. 바로 '서점을 방문하도록 만드는 동기'와 '서점에서 실제로 구매하도록 만드는 동기'입니다. 두 요소는 서로 긴밀히 연결되어 있지만, 반드시 구분하여 생각해야 합니다.

③ '재정의' 관점을 활용한 시장 확대

앞서 살펴본 '재정의' 관점을 적용해 서점의 새로운 가능성을 모색해 보겠습니다.

예를 들어, 고령자 방문이 많은 서점이라면 고령자 관련 시장 중에서 서점보다 더 빠르게 성장하고 있는 분야가 무엇인지를 우선 살펴볼 필요가 있습니다. 그중 '워킹 시장(걷기 시장)'에 주목했다고 가정해 보겠습니다. 워킹 시장은 30년 전에 비해 약 3배 이상 성장했으며, 일본 내 워킹 인구는 약 3,800만 명에 달합니다. 이는 65세 이상 인구(약 3,625만 명)와 비슷한 규모이죠. 그래서 이런 구상을 해 보았습니다.

'서점을 워킹의 목적지나 경유지로 만들어보면 어떨까?'

예를 들어, 자택에서 서점까지의 거리를 왕복 워킹 코스로 설정하거나, 서점을 워킹 경로의 경유지로 넣는 것입니다.

서점 방문 동기의 재정의

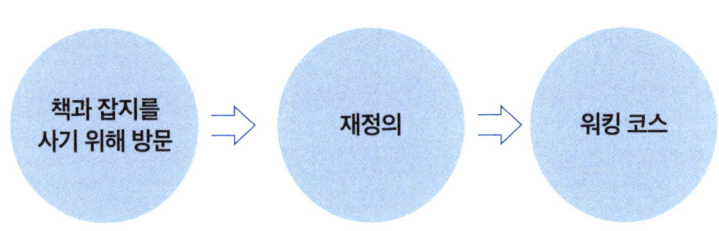

④ 하지만 단순히 워킹 코스를 만든다고 해서 어르신들이 곧바로 실천에 나서지는 않을 수 있습니다. 그래서 워킹을 자연스럽게 유도할 수 있는 장치도 함께 고민해야 합니다. 예를 들어, '스탬프 랠리'처럼 서점에 도장을 비치해 방문할 때마다 스탬프를 찍어주고, 스탬프를 모두 모으면 소정의 선물을 제공하는 방식을 도입하는 것입니다.

이러한 과정을 통해 서점은 '책과 만화, 잡지를 구매하는 장소'에서 '워킹의 목적지 혹은 경유지'로 새롭게 재정의되는 것입니다.

⑤ 더 나아가 서점을 찾은 고객이 자연스럽게 책을 읽도록 유도하는 것도 효과적인 부가 가치 전략이 될 수 있습니다. 방문 빈도가 높아질수록 고객과의 관계가 깊어지고, 이는 결국 구매로 이어질 가능성을 높입니다.

고객과 자수 마주지는 관계가 형성되면, 서점은 고객에게 심리적 안정감을 주는 공간이자 간접적인 보호처의 역할을 하게 됩니다. 나아가 지역 사회에 기여하는 중요한 인프라로 자리매김할 수도 있습니다. 물론 이러한 아이디어가 모든 서점에 적합한 것은 아닙니다. 설령 실행한다 하더라도 반드시 성공을 보장할 수는 없습니다. 그러나 재정의의 과정을 거치다 보면 다양한 부가 가치 아이디어가 자연스럽게 떠오를 것입니다. 그 가운데 실행

가능성이 높고 효과가 기대되는 아이디어부터 하나씩 실험해 나가면 됩니다.

어떠신가요? 곱씹을수록 점점 흥미로워지지 않습니까?

부가 가치를 고민하는 과정은 설렘과 두근거림이 가득한 창소 행위입니다.

불필요 가치도 재정의를 통해 부가 가치로

예전에 프로야구 선수에게서 사인볼을 받은 적이 있습니다. 어렵게 손에 넣은 기념품이라 집 안에 소중히 전시해 두었죠. 어느 날, 친구 가족이 집에 놀러 왔는데 그 집 아이들이 야구를 무척 좋아하는 열혈 팬이었습니다. 사인볼을 바라보는 아이들의 반짝이는 눈빛을 보며 문득 이런 생각이 스쳤습니다.

'이 사인볼은 나보다 저 아이들에게 훨씬 더 큰 의미와 가치를 줄 수 있겠구나.' 그래서 물어보았습니다.

"이 사인볼, 갖고 싶니?"

"우와~ 정말요?"

아이들의 환한 웃음을 보는 순간, 저 역시 마음이 따뜻해지고 기분이 무척 좋아졌습니다. 사실 저는 야구에 열정이 큰 사람은 아닙니다. 하지만 이 아이들은 진심으로 야구를 좋아하는 팬들이죠. 이 사인볼은 제가 갖고 있을 때보다 아이들이 갖고 있을 때 훨씬 더 큰 부가 가치를 발휘할 것입니다. 저에게는 '그저 공'일 뿐이지만 아이들에게는 '보물'입니다. 불필요 가치가 부가 가치로 바뀐 것입니다.

이처럼 부가 가치는 받는 사람에 따라 달라집니다. 어떤 이에게는 아무런 가치가 없어 보이는 것도 누군가에게는 매우 소중한 부가 가치가 될 수 있습니다.

이 점을 잘 활용해 성공한 사례가 바로 메루카리Mercari(일본에서 시작된 중고 거래 플랫폼-역자)입니다. 메루카리에서는 개봉한 화장품, 명품 쇼핑백과 포장 상자, 과자 상자, 아이스크림 막대기 등 언뜻 보면 '쓸모없어 보이는' 다양한 물건들이 활발히 거래되고 있습니다. 불필요한 가치를 '필요 가치'로 전환한 비즈니스 모델이라 할 수 있습니다.

부가 가치를 만드는 기법

표현 전환법

'하자 상품'이라는 말에는 묘하게 사람을 끌어당기는 힘이 있습니다.

"이 가전제품은 B급이라 싸게 드릴게요."

"하자가 있어서 오늘만 50% 할인해 드릴게요."

이런 말을 들으면 '어떤 흠인데?' 하며 오히려 관심이 생기지 않나요? 이처럼 '하자'라는 표현은 다양한 곳에서 사용됩니다. 예를 들어, 하자 있는 채소는 겉모습이 못생겨서 일반 유통이 어려운 농산물을 말합니다. 맛이나 품질에는 전혀 문제가 없지만, 버려질 위기에 처한 식재료들이죠. 이런 상품을 식품 폐기 문제 해결이나 농가 지원의 하나로 일부러 찾아 구매하는 사람들도 늘고 있습니다.

원래 '하자 상품'은 부정적인 의미로 쓰였지만, 최근에는 긍정적인 의미로 새롭게 재정의되고 있습니다.

겉모습이 못생겨 일반 유통이 어려운 농산물이라고 표현하는 것보다 'B급 채소'라고 하는 편이 훨씬 매력적으로 다가옵니다.

버려질 뻔한 채소에 '하자'라는 이름이 붙는 순간 부가 가치가 생겼습니다.

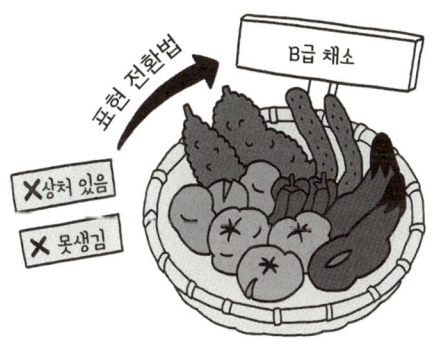

이것이 바로 부가 가치를 만드는 '표현 전환법'입니다. 말을 바꾸는 것만으로도 같은 상품이 다른 매력으로 전달됩니다. 예를 들어, 이렇게 바꿔보는 것은 어떨까요?

- 단점 → 성장의 여지가 있다
- 대기시간 60분 → 행복해지기 전 60분
- 시골에는 아무것도 없다 → 시골에는 '아무것도 없다'가 있다
- 역에서 먼 집 → 사고력이 향상되는 역에서 집으로 가는 길
- 경사진 동네 → 무료 헬스장

'말 한마디로 천 냥 빚을 갚는다'는 속담처럼 모든 것은 바라보는 각도에 따라 달라집니다. '표현의 전환'이란 이렇게 관점을 바꾸는 기술입니다.

시즈오카현 아타미熱海(온천 마을)의 부활 소식이 언론에서 화제가 되고 있습니다. 한때 온천지로 명성을 누렸던 아타미는 시대 변화에 적응하지 못해 오랜 침체기를 겪었지만, 대대적인 새 단장과 부가 가치 향상을 통해 다시 활기를 되찾으며 옛 명성을 회복하고 있습니다.

아타미의 사례는 다양한 지역에서 부가 가치 창출이 성공적으로 이루어지고 있음을 보여줍니다. 예를 들어, 아타미는 문을 닫은 상점을 게스트하우스로 개조하면서 아침 식사로 흰쌀밥과 된장국을 제공하는 독특한 방식을 도입했습니다. 반찬은 제공하지 않고, 대신 지역 건어물 가게와 연계해 고객이 직접 구매한 건어

물을 숙소에서 구워 먹을 수 있도록 한 것입니다. 이는 마을 전체를 하나의 숙박 공간으로 재정의한 발상에서 비롯된 아이디어라 할 수 있습니다. 시야를 넓혀 거시적으로 접근할 때 새로운 부가 가치가 탄생한다는 점을 보여줍니다.

또 낡은 온천 호텔은 '쇼와 레트로 호텔'이라는 콘셉트로 리노베이션을 진행했습니다. '낡음'이라는 부정적 이미지를 '레트로'라는 긍정적 매력으로 전환한 사례로 표현의 변화가 곧 부가 가치를 창출한 셈입니다. 이처럼 시각을 조금만 달리해도 새로운 부가 가치를 만들어낼 수 있습니다.

다음은 '표현 전환'을 통해 부가 가치를 만들어낸 다양한 사례들입니다.

표현 전환 사례

- 방한 내복 → 히트텍
- 중고 → 빈티지
- 전자 게임 → e-스포츠
- 재택근무 → 리모트 워크
- 절전 → 스마트 라이프
- 노화 방지 → 안티 에이징
- 정크 푸드 → 컴포트 푸드
- 수제 → 크래프트 워크
- 사용 기간 → 체험 프로그램
- 중고 주택 → 리노베이션 주택

부가 가치를 만드는 기법

방향 전환법

질문

직장인을 대상으로 출간된 『노비타처럼 살기』는 출간 초기에는 판매가 그다지 두드러지지 않았습니다. 그러나 특별한 전략 덕분에 이 책은 무려 50만 부가 팔린 베스트셀러로 도약했습니다. 그 비결은 무엇이었을까요?

답변

독자층을 바꿨습니다.

『노비타처럼 살기』는 '도라에몽 이론'을 제창한 요코야마 야스

유키 橫山泰行 씨가 집필한 자기계발서로 도라에몽에 등장하는 노비타의 매력을 분석하고 그처럼 살아가는 삶의 방식을 제시한 책입니다. 노비타에 공감하는 성인을 주요 독자층으로 삼아 출간했지만, 기대만큼 판매가 이루어지지 않아 한동안 부진을 겪고 있었습니다. 그런데 언젠가부터 독자들의 사연이 담긴 엽서가 속속 도착하기 시작했습니다.

"저는 독서가 힘들었는데 이 책은 술술 읽혔어요." (남자, 11세)

"한자가 조금 어렵긴 했지만 읽을수록 뒷이야기가 궁금해져서 재미있게 읽었어요. 독후감도 쉽게 잘 썼어요." (여자, 11세)

"노비타의 생각을 엿볼 수 있는 좋은 책이었어요. 독후감으로 썼어요." (남자, 12세)

엽서 대부분은 연필로 꾹꾹 눌러쓴 어린이 독자들의 것이었습니다. 특히 '책을 완독했다', '독후감을 썼다'는 반응이 눈에 띄게 많았습니다. 사인펜이나 볼펜으로 쓰인 성인 독자들의 엽서와는 확연히 다른 분위기가 느껴졌습니다.

동시에 판매 데이터를 확인해 보니 책 구매자의 상당수가 40대 여성이었습니다. 처음에는 '40대 여성들도 노비타에 공감하나 보다' 정도로만 여겼지만, 나중에야 중요한 사실을 깨달았습니다. 엽서를 보낸 건 초등학생, 책을 구매한 건 40대 여성 즉, 자녀를 위해 엄마가 책을 구매한 것입니다. 알고 나면 너무나 당연해 보이지만, 처음부터 이런 사실을 명확히 파악하기란 쉽지 않습니다. 그러나 이를 계기로 이 책의 새로운 잠재력을 발견할 수 있었죠.

이후 영업자들은 직접 서점을 찾아다니며 여름 방학 과제 도서 코너에 『노비타처럼 살기』를 비치해 달라고 요청하며 다녔습니다. 원래 성인 대상 자기계발서로 출간된 책이었기 때문에 서점에서는 성인 코너에 진열되어 있었던 것이죠. 물론 요청한다고 해서 바로 어린이 과제 도서 코너로 옮겨지진 않았습니다. 하지만 1년, 2년 끈질기게 설득한 끝에 3년째 되는 해에 마침내 결실을 볼 수 있었습니다. 그때부터 책은 불티나게 팔렸고 지금은 50만 부에 육박하는 스테디셀러로 자리매김했습니다.

핵심은 상품 자체는 그대로 두고 구매하는 고객층을 바꿨다는 점입니다. 저는 이 방식을 '방향 전환법'이라 부르며, 이는 앞서 살펴본 '재정의화'의 한 형태이기도 합니다.

고객을 바꾸고, 목적을 바꾸면 새로운 부가 가치를 만들어낼 수 있습니다.

방향 전환법

'방향 전환법'은 부가 가치를 만드는 기법의 하나입니다.

동물원의 부가 가치는?

'방향 전환법'을 활용한 사례는 생각보다 많습니다. 홋카이도의 명소인 아사히야마旭山 동물원이 택한 전략도 그중 하나입니다. 일반적으로 동물원의 경쟁력은 판다, 사자, 코끼리, 기린처럼 희귀한 동물을 얼마나 많이 보유하고 있느냐에 달려 있습니다. 다양한 종을 갖추는 것 자체가 매력이 되기도 하지요. 그러나 이를 충족시키려면 막대한 예산이 필요합니다.

예산이 턱없이 부족했던 아사히야마 동물원은 발상의 전환을 선택했습니다. '동물의 종류'가 아니라 '동물의 생태'에 초점을 맞춘 것입니다. 바로 이 지점에서 부가 가치의 방향을 전환한 셈입니다.

바로 여기에 부가 가치를 창출하는 힌트가 숨어 있습니다. 즉, '없는 것(다양한 동물)'이 아니라 '있는 것(동물의 생태)'에 가치를 부여한 것입니다. 예산 부족, 인력 부족, 입지적 한계, 시간 제약 등 '없는 것'에 집착해서는 해결책을 마련할 수 없습니다. 이미 보유한 자원에 집중해 그 안에서 부가 가치를 발견하는 것이 중요합니다. 이것이 바로 '있는 관점'과 '없는 관점'을 활용하는 방식입니다.

아사히야마 동물원은 이러한 접근을 통해 부가 가치를 창출한 대표적인 사례입니다. '있는 관점'이라는 부가 가치 창출 기법을 활용했으며, 이는 '방향 전환법'의 한 형태이기도 합니다. 여기에 '과정의 가치화'라는 방법도 더했습니다.

'과정의 가치화'란, 결과나 목적이 아닌 '과정' 자체에 주목하는 것을 의미합니다. 스토리 마케팅이나 내러티브처럼 서사에 집중하는 것도 같은 맥락입니다. 아사히야마 동물원은 '동물 생태계'

라는 과정을 심층적으로 연구하고 발전시켜 이를 고객에게 보여줌으로써 새로운 부가 가치 창출에 성공했습니다.

이와 유사한 사례는 TV도쿄의 프로그램 『캄브리아 궁전』에 소개된 기업들에서도 찾아볼 수 있습니다. 이 프로그램은 상품이나 서비스가 탄생한 배경, 제작 과정에서의 고충, 그리고 개발자들의 열정 등 겉으로 드러나지 않는 과정을 집중적으로 조명했습니다.

방송을 본 시청자들은 그 이야기에 감동해 해당 기업과 상품을 응원하게 되었고, 이는 자연스럽게 제품 구매로 이어졌습니다. 바로 이것이 '과정의 가치화'라는 기법을 통해 새로운 부가 가치를 창출한 대표적인 사례입니다.

과정의 가치화는 다양한 분야에서 활용되고 있습니다. 예를 들어, 화장품 업체들은 워크숍을 열어 제조 과정을 공개하고 고객과의 유대감을 강화하려 노력합니다. 공장 견학, 영화와 드라마 제작 과정을 다룬 다큐멘터리, 연극의 백스테이지 투어 등도 모두 '과정의 가치화'에 해당합니다. 초밥을 눈앞에서 직접 만들어 주는 방식이나, 요리 과정을 보여주는 오픈 키친 역시 같은 맥락입니다.

이처럼 '과정의 가치화'는 우리 주변에서 쉽게 찾아볼 수 있습니다. 이러한 기법을 활용하면 가치나 매력이 다소 퇴색된 대상에도 새로운 부가 가치를 다시 부여할 수 있습니다.

'방향 전환법'의 활용 사례

'방향 전환법'의 사례는 이 외에도 많습니다. 한때 큰 인기를 끌었던 고등어 통조림 역시 가치 전환을 통해 두 번째 전성기를 맞이한 대표적 사례입니다.

첫 번째 열풍은 다이어트 효과 덕분이었습니다. 삶은 고등어 통조림이 지방 연소를 촉진해 체중 감량에 도움이 된다는 이유로 큰 인기를 얻었던 것이죠. 그러나 시간이 지나 인기가 시들자, 이번에는 EPA와 DHA가 풍부해 건강에 이롭다는 점을 내세워 다시 한번 폭발적인 인기를 끌었습니다. 즉, 다이어트에서 건강으로 부가 가치를 '전환'한 결과, 두 번째 히트를 만들어낸 것입니다.

부가 가치는 고정된 개념이 아니라 끊임없이 '변화'하는 속성을 지닙니다. 한때 큰 유행을 누렸던 상품도 시간이 지나면 '낡은 상품'이라는 이미지가 덧씌워질 수 있습니다. 그러나 부가 가치 창출 기법을 활용한다면, 그런 상품조차 스테디셀러로 자리 잡거나 제2의 전성기를 맞이할 수 있습니다.

'방향 전환법'은 상품뿐 아니라 조직 관리에도 적용할 수 있습니다. 실제로 예전에 이런 상담을 받은 적이 있습니다.

"입사 2~3년 차 직원들의 퇴사가 잦습니다. 처음에는 흥미롭게 일을 시작하지만, 반복되는 업무에 점차 의미를 잃고 결국 회사를 떠나는 것 같습니다."

이럴 때 '가치 전환'을 통해 새로운 부가 가치를 부여한다면, 퇴사율을 낮추는 데 실질적인 도움이 될 수 있습니다. 업무에 치이다 보면 '내가 왜 이 일을 하고 있지?'라는 회의감이 찾아오고, 나아가 퇴사까지 고민하는 경우가 많습니다. 이는 일을 바라보는 거시적 관점이 부족하기 때문에 생기는 현상입니다. 근시안적인 시각에 갇히면 감정적 소진이 쉽게 찾아오고, '다람쥐 쳇바퀴처럼 반복되는 업무에서 의미를 찾을 수 없다'는 고민은 결국 퇴사의 유혹을 더욱 키우게 됩니다.

따라서 이럴 때일수록 관점을 넓혀 거시적인 시각을 회복할 필요가 있습니다. 예컨대, 눈앞의 '실적'만 좇기보다 '고객 만족'이나 '사회적 의의'와 같은 가치를 목표로 삼아보는 것입니다. 시점을 미래로 옮겨 지금의 일이 어떤 성과와 변화를 만들어낼지 함께 그려보는 것도 효과적입니다.

이처럼 '직업적 보람=부가 가치'라는 관점으로 전환하면, 현재 하고 있는 일도 이전과는 전혀 다르게 다가올 것입니다.

부가 가치를 만드는 기법

이동법

'장소의 이동'만으로도 부가 가치를 만들어낼 수 있습니다. 앞서 소개한 후지산 자동판매기의 사례가 바로 그 대표적인 경우입니다. 이처럼 '이동법'을 활용한 부가 가치 창출은 다양한 분야에서 활용되고 있습니다. 예를 들이, '프랑스에서 최고 인기 브랜드가 일본에 첫 상륙했다'거나 '홋카이도에서 화제를 모은 디저트 맛집이 도쿄에 진출했다'는 소식은 소비자의 호기심을 강하게 자극합니다.

그렇다면 왜 '첫 출점'이나 '첫 진출' 같은 표현이 유독 사람들의 관심을 끄는 걸까요? 바로 '이동'이라는 개념에 본능적으로 호기심을 자극하는 요소가 담겨 있기 때문입니다.

또 다른 예로, 슈퍼마켓이나 편의점이 없는 고령화 지역에서는 이동 판매 서비스가 운영됩니다. 이는 고객이 있는 곳으로 직접 찾아가 물건을 판매하는 방식으로 지역 주민들에게는 높은 부가 가치를 지닌 서비스가 됩니다. 그러니 이미 슈퍼마켓이나 편의점이 자리하는 지역이라면 이동 판매의 부가 가치는 그리 크지 않습니다.

즉, 장소의 이동이 곧바로 부가 가치로 이어지려면 몇 가지 조건이 충족되어야 합니다. 고객의 관심을 끌기 위해서는 다음 세 가지 요건을 만족해야 합니다.

① 현재 직면한 과제와 관련이 있는 것
② 당장의 욕망과 욕구를 자극하는 것
③ 희귀하거나 특별한 것

이동법

예를 들어, 후지산 자판기는 ②와 ③, 이동 슈퍼는 ①과 ③의 조건에 부합합니다. 이처럼 '이동법'은 장소를 옮기는 것만으로도 부가 가치를 창출할 수 있는 유용한 방식입니다. 가끔은 쓸모 없다고 여겨지는 것들도 장소를 옮기면 의외로 인기 상품으로 둔갑하는 경우가 있습니다. 이 역시 '판매 장소의 이동' 덕분에 가능한 것입니다.

예를 들어, 일본의 중고 란도셀(초등학생용 책가방)이 동남아에서 불티나게 팔린다고 합니다. 그곳에서는 Made in Japan이 아닌 Used in Japan이라는 표현이 통용될 정도로 일본 중고품이 큰 인기를 끌고 있습니다. 아이들뿐 아니라 어른들도 일상용 가방으로 란도셀을 즐겨 사용하는데 높은 품질이 인기 비결이라고 합니다. 일본에서는 한때 폐기물 취급을 받던 중고 란도셀이 장소를 옮기자 부가 가치 제품으로 새롭게 거듭난 것입니다. 불필요한 가치로 여겨졌던 것이 부가 가치로 전환된 대표적인 사례입니다.

또한 '장소를 옮기면 부가 가치가 생긴다'는 발상에서 착안해 이동 수단 자체를 서비스로 전환한 사례가 바로 '우버 이츠Uber Eats'입니다. 배달이 불가능했던 음식점을 배달 가능하게 만들면 새로운 부가 가치가 창출될 수 있다고 보고, 이를 실현하기 위한 이동 인프라를 구축한 것이죠.

반대로 '이동하지 않는 것'을 부가 가치로 활용한 사례도 있습니다. 줄이 길게 늘어서는 인기 식당들 가운데 프랜차이즈 제안을 단호히 거절하는 경우가 적지 않습니다. 점포를 늘리지 않음으로써 희소성을 높이고, 그 희소성 자체를 부가 가치로 삼는 전략인 것입니다.

사람도 이동을 통해 가치를 높일 수 있다

단체 스포츠에서는 선수들의 이적이 흔히 이루어집니다. 몸값이 올라 팀을 옮기기도 하지만, 현재 팀의 전술과 맞지 않아 다른 팀으로 이적하는 경우도 많습니다. 전 소속 팀에서는 두각을 드러내지 못했던 선수가 새로운 팀에서 눈부신 활약을 펼치는 사례 역시 적지 않습니다. 이것 또한 '이동'을 통해 부가 가치를 높인 경우라 할 수 있습니다.

'이직'도 마찬가지입니다. 자신의 부가 가치를 명확히 인식하고 있다면, 지금 자리에서 그 가치를 충분히 발휘하고 있는지, 아니면 더 빛날 수 있는 새로운 환경으로 옮기는 것이 나은지를 스스로 판단할 수 있습니다. 물론 인간관계나 고용 조건 등 다양한 이유로 이직을 선택하기도 하지만, 부가 가치를 높이기 위한 이직이라면 오히려 개인에 대한 평가를 한층 끌어올리는 기회가 될 수 있습니다.

부가 가치를 만드는 기법

분해법

앞서 '이동'을 통해 사람들의 관심을 끌 수 있다는 점을 설명했는데, 이번에는 조금 다른 관점에서 이런 질문을 던져보겠습니다.

관심은 어떻게 생겨나는 걸까요?

이번에는 '관심'이라는 감정의 구조를 조금 더 깊이 들여다보고자 합니다. 그에 앞서 먼저 '관심'에 대한 정의부터 살펴보겠습니다.

- 어떤 대상에 자연스럽게 끌리는 감정 혹은 감각

- 더 알고 싶고, 관계를 맺고 싶다는 마음
- 기꺼이 시간과 노력을 쓸 수 있는 것

관심은 우연히 생겨나는 것이 아니라 일정한 '계기'와 '과정'을 통해 형성됩니다. 이를 정리하면 다음과 같습니다.

- **이미 좋아하는 것과 연관된 대상**
- **현재 직면한 과제와 관련된 것**
- **스토리가 매력적으로 다가오는 것**
- **욕망이나 욕구를 자극하는 것**
- **설득되거나 공감되는 것**
- **다른 특별한 요소가 있는 것**
- **어느 정도 익숙하게 알고 있는 정보**

관심의 주체가 반드시 '본인'일 필요는 없습니다. 가족이나 친구 등 가까운 이들이 대신 흥미를 느끼며 관심을 불러일으키는 경우도 있습니다. 또한 관심은 장기 기억과 긴밀히 연결되어 있습니다. 즉, 우리가 어떤 대상에 흥미를 느낄 때 그 감정은 과거의 기억과 맞닿아 있다는 뜻입니다.

관심의 범위가 넓은 사람일수록 기억 속에 다양한 정보가 축적되어 있습니다. 따라서 장기 기억이 풍부한 사람은 관련된 자극을 접했을 때 그것이 관심으로 이어질 가능성도 높습니다.

예를 들어, 과거 홋카이도를 여행한 경험이 있는 사람은 홋카이도의 역사, 음식, 관광지에 관한 정보를 접할 때 자연스럽게 관심을 기울이게 됩니다. 마찬가지로 일본 역사에 깊은 흥미를 가진 사람은 역사와 관련된 콘텐츠에 쉽게 끌리게 됩니다.

이처럼 우리는 기억 속에 저장된 정보와 다시 접할 때, 그 경험이 관심으로 이어지는 경우가 많습니다. 결국 관심을 세분해 살펴보면 그 안에서 작동하는 요소들을 발견할 수 있으며, 부가 가치를 창출하기 위해서는 이러한 '관심을 끄는 요소'를 반드시 인식해야 합니다.

관심이 생기는 5가지 요소
① **신기함, 호기심**
② **개인적 연관성**
③ **사회적 관심**
④ **배경지식의 깊이**
⑤ **주변과 관련된 일**

이러한 요소들이 복합적으로 작용할 때 관심이 생기기 쉬워집니다. 예를 들어, 많은 사람이 에스토니아보다 일본의 사회 정세에 더 큰 관심을 보이는 이유는 '개인적 연관성'과 '사회적 관심도'가 일본 쪽이 더 높기 때문입니다. 하지만 만약 에스토니아에 친구가 있다면, 그곳의 정세 역시 자연스럽게 관심의 대상이 될 수 있습니다. 즉, 관심을 형성하는 다섯 가지 요소는 결국 '나의 일', 혹은 '나와 연결된 일'로 집약할 수 있습니다.

정치에 무관심한 사람들이 많은 이유도 정치가 나와 직접적인 관련이 없다고 느끼기 때문입니다. 그러나 사회에 크고 작은 문제가 잇따라 발생해 일상생활을 위협하는 수준에 이른다면, 정치는 더 이상 '남의 일'이 아닌 '나의 일'이 되어 정치에 대한 시각 또한 달라지게 됩니다.

부가 가치는 사람들의 흥미와 관심을 불러일으키는 힘을 지니고 있습니다. 따라서 정치인이 국민의 정치적 관심을 높이고자 한다면, 국민이 "이건 내 일이야."라고 느낄 수 있는 정치적 부가 가치를 만들어내야 할 것입니다.

분해하면 부가 가치의 골격이 보인다

앞서 관심의 구조를 다섯 가지로 나누어 살펴본 것처럼 어떤 주제를 이루는 요소를 찾아내는 방법을 '분해법'이라고 합니다.

이 기법은 부가 가치를 높이는 데도 유용합니다. 대상을 구성하는 요소를 파악하면 이해도가 깊어지고, 마치 해상도가 올라가듯 더 선명하게 인식할 수 있게 되기 때문입니다. 예를 들어, 맛있는 햄버거를 만들고 싶을 때 가장 먼저 하는 일은 레시피를 찾아보는 것입니다.

레시피에는 필요한 '구성 요소'와 그것을 '재현하는 방법'이 정리되어 있죠. 즉, 어떤 대상을 제대로 이해하려면 먼저 '레시피'를 작성해 보는 것이 큰 도움이 됩니다. 고기만 있다고 해서 맛있는 햄버거가 만들어지는 것은 아닙니다. 적절한 반죽의 농도, 소스에 육즙을 더해 감칠맛을 살리는 비법 등 대상을 구성하는 세부 요소를 하나하나 정리한 것이 바로 레시피이자 다시 말해 '분해법'입니다.

'분해법'은 다음과 같은 단계로 이루어집니다. 여기서는 '좌절'이라는 단어를 예로 들어 그 과정을 설명해 보겠습니다. '좌절'이란 어떤 목표를 이루지 못해 포기한 상태를 말합니다.

이 개념을 분해해 보면, 좌절은 곧 '목표 × 달성'이 이루어지지 않은 상태입니다. 이 구조를 한 단계 더 세분화해 보겠습니다. 먼저 '목표'를 분해해 보겠습니다. 목표란 도달하고자 하는 종착점이라고 할 수 있습니다. 그 종착점에 이르기 위해서는 반드시 출발점이 필요합니다. 그리고 그 출발은 '이 목표를 이루고 싶다'는 생각에서 비롯됩니다. 즉, 달성하고자 하는 '의지'가 곧 출발점이 되는 것입니다.

다음으로 달성하려면 '행동'이 수반되어야 합니다.
사고→행동

그리고 목표를 이루려면 그 행동을 '지속'해야 합니다.
사고→행동→지속

끝까지 지속하면 종착점, 즉 목표 달성입니다.
사고→행동→지속→종착점

대체로 좌절은 '지속'이 중단될 때 발생합니다. 예를 들어, 다이어트 과정을 분해해 보면 다음과 같습니다.
10kg을 감량하고 싶다는 생각→다이어트 방법을 실천(행동)→꾸준한 노력(지속)
도중에 힘이 들어 좌절….
다음으로 생각해 볼 부분은 왜 꾸준한 노력이 힘들어지는가 하는 점입니다. 이 문제는 '의식'과 '무의식' 두 가지 측면에서 나

뒤 살펴볼 수 있습니다.

'지속'이란 어떤 상태를 의식적으로 유지하는 행동을 말하지만, 매번 의식하며 반복하는 일은 쉽지 않고 쉽게 지치기 마련입니다. 따라서 꾸준히 성공적으로 이어가기 위해서는 무의식이 자연스럽게 작동하도록 만드는 것이 중요합니다. 다시 말해 지속의 핵심은 결국 '습관화'에 있습니다. 매일 양치질을 당연하게 하는 이유도 무의식적인 습관화 덕분입니다. 이와 같은 상태에 도달할 수 있다면 목표 달성은 훨씬 수월해집니다.

정리하면, 다이어트에 성공하려면 '사고→행동→지속→습관'의 흐름을 만들어야 합니다. 좌절은 주로 의식적으로만 지속하려 할 때 발생합니다. 따라서 '무의식' 속에서도 이어갈 수 있는 목표를 설정해야 좌절을 피할 수 있으며, 이를 통해 요요 현상도 예방할 수 있습니다.

의식의 영역을 무의식으로 옮기려면 시간이 필요합니다. 사람마다 차이가 있지만 누구에게나 일정한 시간이 요구되는 법이지요. 이 점을 고려하면, 단기간에 끝내려는 무리한 다이어트일수록 좌절로 이어질 가능성이 높다는 것을 알 수 있습니다.

이처럼 '좌절'이라는 단어를 분해해 보면, 그 안에 담긴 구조를 더욱 명확하게 이해할 수 있습니다. 예를 들어, 다이어트 상품을 판매하고자 한다면 구조를 분해한 뒤 그 안에서 고객에게 어필

할 수 있는 포인트를 찾아내는 것이 효과적인 방법이 될 수 있습니다.

이것이 바로 분해를 통한 부가 가치를 발견하는 방법입니다. 분해하기 전에는 해상도가 낮은 상태에 머물러 있지만, 분해 과정을 거치게 되면 해상도가 점점 높아지게 됩니다. 애매하거나 추상적이던 부분, 혹은 나만의 착각이거나, 제대로 이해하지 못했던 요소들이 가시화되는 것이지요.

저는 기획안을 짤 때 분해 작업부터 들어가는 경우가 많습니다. 작은 깨달음이나 들었던 이야기, 발상 등 아이디어의 원석이 떠올랐다면, 목표를 설정하고 구성요소를 하나씩 분해해 가는 절차를 밟아나갑니다.

부가 가치를 만드는 기법

세분화

후쿠오카로 출장을 갔다가 우연히 색다른 주점을 발견했습니다. 그곳의 대표 메뉴는 다름 아닌 '닭 껍질'이었습니다. 일반적인 꼬치구이 가게들이 보통 닭고기의 맛이나 원산지, 가격, 혹은 다양한 부위를 경쟁 요소로 내세우는 것과 달리, 이 가게는 오직 닭 껍질에만 특화되어 있었습니다. 닭 껍질을 좋아하는 저는 망설임 없이 가게 안으로 들어갔습니다. (뒤늦게 알게 된 사실인데 이 지역은 원래 닭 껍질 요리로 유명하더군요.)

만약 이 가게가 다른 곳처럼 닭고기의 맛이나 원산지를 강조했다면, 저는 그냥 지나쳤을지도 모릅니다. 그러나 '닭 껍질'이라는 좁은 영역에 집중했기에 오히려 이 가게만의 개성이 뚜렷하게 다가왔습니다. 이처럼 특정한 분야에 초점을 맞춰 차별화된 매력을 발휘하는 방법을 부가 가치의 '세분화'라고 합니다. 좁은 영역을 공략함으로써 경쟁력을 강화하는 전략인 것이죠.

예전에 간장 계란밥이 유행했을 때, 그 전용 간장이 화제가 된 적이 있습니다. 이 역시 간장을 특정 용도에 맞춰 세분화한 사례라 할 수 있습니다.

간장의 활용 범위를 더욱 세분화하면 다양한 신제품 개발로 이어질 수 있습니다. 예를 들어, '고기 조림 전용 간장', '샐러드 전용 간장'처럼 요리별로 특화된 제품을 만들 수 있고, 나아가 '토마토 전용 간장', '오이 전용 간장'처럼 재료별로 세분화하는 것도 가능합니다. 이처럼 간장을 다양한 요리에 접목해 신상품을 개발한다면, 엄청난 히트 상품이 탄생할 수도 있습니다.

세분화

잠재적 수요	틈새시장
(미개척 시장)	(이미 존재하는 시장)

'세분화'와 '틈새시장'의 차이에 대해 궁금해하는 이도 있을 것입니다.

틈새시장은 이미 일정한 수요가 존재하는 좁은 시장을 발굴하는 개념입니다. 반면, 세분화는 기존 시장 안에서 수요를 더 세밀하게 나누는 데 그치지 않고, 소비자조차 인식하지 못했던 잠재적 수요까지 개척하는 전략입니다.

'세분화'란 쉽게 말해, 전달하고자 하는 대상을 더욱 명확히 포지셔닝하는 작업입니다. 예를 들어, 일본 TBS 방송의 인기 프로그램 『마츠코가 모르는 세계』에서는 매회 '한 우물만 판 전문가'가 게스트로 등장합니다. '막노동 패션', '북 간토 지방의 슈퍼마켓', '국산 옥수수'처럼 특정한 세계를 깊이 파고든 주제들을 소개하는데 특정 분야에 '편애'를 가진 전문가의 이야기와 그에 얽힌 정보들이 프로그램의 흥미를 더합니다. 이처럼 주제가 세분화되어 있기에 오히려 재미와 몰입감이 커지는 것입니다.

슬리퍼를 전문적으로 판매하는 브랜드 '크록스'도 세분화를 활용해 부가 가치를 창출한 대표적인 사례입니다. 크록스는 내구성이 뛰어나고, 가볍고, 방수 기능이 좋다는 특징을 앞세워 의료 종사자나 음식업계 종사자 사이에서 널리 사용되고 있습니다.

브랜드 인기를 일시적인 유행에 그치지 않게 하려면, '세분화' 전략을 적극적으로 활용해 보는 것도 좋은 방법입니다. '세분화'는 자사 상품의 차별화 포인트를 명확히 하거나, 영업 활동 시 설득력을 높이는 데에도 유용하게 쓰일 수 있는 실용적인 기법입니다.

부가 가치를 만드는 기법

소소한 잡담 플러스

고기가 맛있기로 유명한 한 음식점에 갔을 때의 일입니다.

식사를 마치자, 홀에 있던 외국인 점원이 다가와 말을 건넸습니다.

"식후 알코올은 어떠세요? 소화를 도와줄 거예요."

그는 이렇게 말하며 술병 하나를 가져왔습니다. 그 술병에는 술뿐만 아니라 서양배 한 개가 통째로 들어있었습니다. 그리고 우리에게 이런 질문을 던졌습니다.

"병 안에 과일을 어떻게 넣었을까요?"

술병 안에는 병 입구보다 훨씬 큰 서양배가 들어있었습니다.

"진짜 과일이 들어간 거죠?"

"물론이죠!"

여러분은 어떻게 생각하시나요? 반으로 쪼갠 병을 나중에 붙였을까? 그렇지만 병은 이음새 없이 매끈했습니다. 배를 구겨서 넣을 수도 없었을 텐데…. 머리를 굴려봤지만 답이 떠오르지 않았습니다. "모르겠어요."라고 하는 순간 점원 중 한 명이 사진을 보여주었습니다. 사진 속에는 병 안에서 자라고 있는 서양배가 찍혀 있었습니다. 놀랍게도 배가 자라기 전에 가지를 병에 끼워 넣어 그 안에서 자라도록 키웠던 것입니다.

이런 대화가 오간 뒤에 "이 술맛 어떠세요?"라고 종업원이 권한다면, 저절로 "마셔볼래요!"라는 말이 튀어나올 것 같습니다. 술을 마시지 않는 저로서는 아쉬웠지만, 함께 간 일행들은 모두 즐겁게 즐겼던 시간이었습니다.

마음을 움직이는 대화와 함께 술을 권하면 호기심이 자극되어 저절로 마시고 싶은 마음이 생깁니다. 이 또한 부가 가치의 창출입니다. 단순히 "소화에 도움이 되는 술이에요.", "맛있는 술이에요."라고만 했다면, 부가 가치는 훨씬 약했을 것입니다. 무엇보다 이야기를 끌어가는 홀 점원의 말솜씨가 정말 탁월했습니다.

| 기능 | → | 퀴즈 | → | 뜻밖의 정답 |

- 기능: 소화에 좋다는 이야기를 식후에 꺼낸 절묘한 타이밍
- 퀴즈: 미리 상상하게 만들어 호기심 유발
- 뜻밖의 정답: "그랬구나!" 하는 감탄을 끌어내며 호기심 급상승

이와 같은 일련의 흐름이 술에 담긴 이야기를 흥미롭게 만들고, 부가 가치를 높이는 역할을 한 것입니다. 스토리가 담긴 제품은 사람의 감정을 움직이게 만드는 힘이 있습니다.

- **개발 비밀**
- **고생담(실수·좌절·역경)**
- **의지와 열정**
- **추억, 역사**
- **새로운 발견**

이처럼 마음을 움직이는 이야기를 만드는 것 또한 부가 가치를 만드는 방법입니다.

실수와 좌절은 부가 가치

'실수담' 역시 감동을 주는 이야기가 될 수 있습니다. 제 경험담

하나를 들려드리겠습니다.

　20대 시절, 잡지 관련 업무로 자동차 촬영을 진행한 적이 있었습니다. 촬영이 길어지면서 마무리된 시간은 새벽 5시. 문제는 렌터카를 아침 9시까지 업체에 반납하기로 약속되어 있었고, 그 차가 10시부터는 다른 회사 취재에 사용될 예정이라 조금이라도 늦으면 곤란한 상황이었습니다.

　촬영장과 업체까지는 차로 약 30분 거리. 그런데 갑자기 졸음이 밀려왔고, 운전은 무리겠다 싶어 차 안에서 잠시 눈을 붙였다가 가기로 했습니다. 그 당시에는 휴대전화도 없었고, 알람을 대신해 줄 도구도 마땅치 않았습니다. '그래도 날이 밝으면 금방 일어나겠지.'라는 안일한 생각에 이내 깊은 잠에 빠져버렸습니다. 그리고 화들짝 눈을 뜬 순간, 큰일 났다는 직감이 들었습니다. 푹 잔 느낌이 들었기 때문이죠. 서둘러 시간을 확인해 보니 낮 12시! 대형사고였습니다.

　그 순간을 떠올리면 지금도 등줄기에 식은땀이 흐릅니다. 서둘러 업체로 달려갔지만 이미 한참 늦은 상태였고, 담당자는 말 그대로 분노가 폭발한 상태였습니다. 저는 머리가 땅에 닿도록 허리를 숙여 사죄할 수밖에 없었습니다. 이 일을 계기로 '시간은 반드시 지켜야 한다'는 의식이 제 안에 깊이 자리 잡게 되었습니다. 그 후로는 일정 관리에 훨씬 신중해졌고, 무리한 스케줄을 잡는 일도 줄어들었습니다.

솔직히 말해 제 실수담을 하나하나 열거하자면 끝이 없습니다. 오히려 성공보다 실수가 훨씬 많았다고 말할 수도 있을 것 같습니다. 예전에는 이렇게 실수만 하는 저 자신이 정말 싫었습니다. 그런데 어느 날, 실수가 꼭 나쁜 것만은 아니라는 사실을 깨닫게 되었습니다.

TV를 보고 있을 때였습니다. 한 연예인이 자신의 실수담을 찰지고 유쾌하게 풀어내고 있었습니다. 그가 저지른 실수는 꽤 심각한 내용이었는데, 배꼽을 잡고 웃고 있는 제 모습을 발견했죠.

'이렇게 큰 실수를 웃음으로 바꾸다니, 정말 대단한 능력이네!'

순간, 이런 생각이 스쳤습니다.

'실수담은 언젠가 나를 표현하는 소중한 재료가 될 수도 있겠구나.'

실수담을 들은 상대방은 오히려 그 사람에게 친근감과 공감을 느끼게 됩니다. 완벽한 사람에게 존경심은 생길 수 있어도 친근감이나 공감은 쉽게 형성되지 않기 때문입니다. 이처럼 실수담은 사람과 사람 사이의 거리를 좁히는 효과가 있으며, 친근감과 공감은 그 사람의 부가 가치를 높이는 중요한 요소가 되기도 합니다.

저 역시 과거에 실수담을 대화 소재로 자주 활용했습니다(실수가 잦았던 만큼 더욱 그랬겠죠).

이때 주의할 점은 실수를 지나치게 부정적으로 이야기하지 않는 것입니다. 듣는 이가 부담을 느끼지 않도록 실수담을 긍정적인 시각에서 풀어내는 것이 바람직합니다.

실수는 나중에 꺼내 쓸 수 있는 '소재'가 되기에 그냥 묻어두기에는 너무 아까운 경험입니다. 잘 검증하고 다듬어 재미있고 의미 있는 이야기로 만들어 활용해 보세요. 실수는 오히려 두 가지 가치를 동시에 얻을 수 있는 소중한 자산이 될 수 있습니다.

부가 가치를 만드는 기법

비포 애프터 애프터

전철에서 재수학원 광고를 본 적이 있습니다. 거기에는 이렇게 적혀 있었습니다.

"커트라인 ○○점부터 게이오대학 합격!"

이 표현 방식은 흔히 '비포 애프터Before & After'라고 불립니다. 비포 애프터는 다이어트, 화장, 패션, 인테리어, 입시 공부 등 다양한 분야에서 폭넓게 활용되는 기법입니다. 예전 TV아사히에서 방영된 프로그램 『대개조!! 극적인 비포 애프터』도 떠오릅니다. 집을 대대적으로 리모델링하는 과정을 다룬 방송이었죠.

이 프로그램의 콘셉트는 "가족의 문제를 인테리어로 해결하지 않으시겠습니까?"라는 것이었습니다. 설계사와 목공사 등 전문가들의 손길을 통해 인테리어 효과를 극대화하면서 동시에 집을 고치는 과정을 통해 가족의 소중함과 유대감을 되찾는 감동적인 스토리를 엮어내 시청자들의 깊은 공감을 얻었습니다. 아쉽게도 정규 방송은 종영되었지만, '비포 애프터 애프터'라는 부가 가치 창출의 핵심 키워드를 주제로 한 의미 있는 프로그램으로 남았습니다.

'비포 애프터 애프터'는 그냥 '비포 애프터'와는 조금 다릅니다. '애프터'가 두 번 들어가는 이유는 두 종류의 부가 가치를 만들어 내기 때문이죠.

첫 번째 부가 가치는 '기능적 부가 가치', 두 번째 부가 가치는 '감정적 부가 가치'입니다. 예를 들어, 『대개조!! 극적인 비포 애프터』에서 드러난 첫 번째 부가 가치는 '인테리어를 통해 변화한 집'입니다. 두 번째 부가 가치는 '새로운 집에서 살아가는 가족들의 감정 변화'입니다. 추억이 쌓이고 가족 관계기 더욱 끈끈해지며, 행복도가 높아지는 변화가 바로 그것입니다.

부가 가치는 크게 '기능적 부가 가치'와 '감정적 부가 가치'로 나눌 수 있습니다. 이 중에서 흔히 등장하는 것은 기능적 부가 가치입니다. 예를 들어, '다이어트로 ~kg 감량했다', '점수가 ~에서 ~으로 올랐다' 같은 변화는 수치로 명확하게 표현되는 사실입니다. '이 다이어트 방법으로 3개월 만에 10kg 감량에 성공했습니다'와 같이 구체적인 결과로 나타나는 것이 기능적 부가 가치입니다.

반면, 감정적 부가 가치는 살을 빼고 나서 경험하게 된 감정의 변화나 기쁨을 뜻합니다. 예를 들어, '10kg 감량 후 예쁜 옷을 입을 수 있게 되어 매일 행복하다'와 같은 감정이 이에 속합니다. 기능적 부가 가치와 감정적 부가 가치를 동시에 끌어낼 때, 비로소 더욱 풍부하고 강력한 부가 가치를 전달할 수 있습니다.

그러나 기능적 부가 가치만 전달되고, 감정적 부가 가치가 빠지는 경우가 종종 있습니다. 이는 매우 아쉬운 일입니다. 인간은 본질적으로 감정의 영향을 받으며, 감정에 이끌려 선택하는 경우가 많기 때문입니다. 따라서 기능적 부가 가치만으로는 상대의 마음에 충분히 닿기 어렵습니다.

홈쇼핑 광고는 '기능적 부가 가치 × 감정적 부가 가치'가 극대화된 결과물이라고 할 수 있습니다. 성공적으로 설득하는 사람은 이 두 가지 부가 가치를 적절히 조화시켜 활용합니다.

부가 가치를 만드는 기법

체험화

어느 아티스트의 라이브 공연에서 있었던 일입니다. 록 장르의 신나는 곡으로 유명한 아티스트의 공연장은 열기로 가득했지만, 사실 저는 그 아티스트의 노래를 거의 몰랐습니다. 그날도 친구의 권유로 궁금한 마음에 따라간 것이었죠.

공연장에 도착하자 친구가 응원봉을 하나 건네며 말했습니다.

"이걸 들고 있으면 라이브에서 훨씬 더 하나 된 느낌을 받을 수 있어."

라이브가 시작되자 친구의 말이 무슨 뜻인지 단번에 알 수 있었습니다. 곡에 맞춰 응원봉 색이 바뀌고, 관객들은 동작을 함께 맞추며 공연을 온몸으로 즐기고 있었습니다. 응원봉은 그 경험을 완성하는 중요한 도구였던 것이죠. 처음 접한 아티스트였지만, 응원봉 덕분에 위화감 없이 공연을 마음껏 즐길 수 있었습니다.

==응원봉은 라이브 공연의 부가 가치를 높여주는 훌륭한 장치였습니다. 라이브 공연의 가장 큰 매력은 단연 '체험 가치'인데, 본래 고부가 가치인 라이브에 체험을 증폭시키는 도구가 더해지면서 그 가치가 한층 커진 것입니다.==

비슷한 예로 스포츠 경기에서 응원팀의 수건을 흔드는 것도 응원봉과 같은 효과를 냅니다. 이 역시 체험 가치를 끌어올리는 장치라 할 수 있습니다. 저 역시 경기를 보러 갈 때 수건을 챙겨 간 날이면 훨씬 더 경기에 몰입하게 됩니다. 특히 축구에서는 응원팀이 득점하면 수건을 머리 위로 크게 돌리는 응원 문화가 있는데 그 순간의 몰입감은 정말 대단합니다.

이러한 '체험화'는 그 자체만으로도 부가 가치가 됩니다. 직접 체험함으로써 대상에 대한 이해의 해상도가 높아지기 때문입니다. 롤러코스터의 짜릿함을 아무리 말로 설명해도 충분하지 않지만, 직접 타보면 단번에 그 매력을 알 수 있습니다. 맛있는 요리도 마찬가지입니다. 직접 맛보아야 비로소 진짜 맛이 무엇인지 실감할 수 있습니다.

사람의 뇌는 경험하지 않은 것보다 경험한 것을 훨씬 더 선명하게 인식합니다. 직접 체험한 대상은 기억과 감정이 함께 남기 때문에 관심도 커지고 호감도 높아집니다. 이러한 작용은 구매와 재방문, 더 나아가 팬이 되는 행동으로 이어질 수 있습니다. 예를 들어, 슈퍼마켓의 시식 코너는 체험 가치를 활용한 대표적인 사례입니다. 시식은 상호성의 법칙(호의를 받으면 보답하고 싶어지는 심리)까지 자극하기 때문에 오래전부터 효과적인 마케팅 수단으로 자리 잡아 왔습니다. 화장품 업계에서도 체험용 샘플을 제공해 고객이 직접 사용해 보도록 유도합니다. 이처럼 '체험화'는 다양한 분야에서 널리 활용되는 전략입니다.

체험 가치를 높이는 흥미로운 사례 중 하나는 홋카이도 구시로釧路 시장에서 판매하는 '내 맘대로 덮밥勝手丼'입니다. 이 덮밥은 먼저 흰쌀밥을 구입한 뒤, 시장 곳곳을 돌며 자신이 원하는 회를 직접 골라 밥 위에 올려 먹는 방식입니다. 이 독특한 체험이 큰 인기를 끌면서 지금은 다른 지역 시상에서도 도입하고 있습니다.

핵심은 바로 흰쌀밥에 있습니다. 이 흰쌀밥은 마치 라이브 공연의 응원봉처럼 체험을 더욱 생생하게 만들어주는 도구 역할을 합니다. 쌀밥 위에 어떤 회를 올릴지 직접 고르다 보면, 침이 고이고 기대감이 높아지는 체험을 경험하게 되는 것이죠. 흰 쌀밥이 체험 가치를 끌어올리는 매개체가 되는 셈입니다.

'내 맘대로 덮밥'의 가치

　이처럼 '체험 가치를 높이는 도구'는 체험 그 자체를 활성화하는 강력한 무기가 됩니다. 예를 들어, 휴대전화가 아직 보급되지 않았던 시절에 공짜로 휴대전화를 나눠주던 것도 체험 가치를 촉진하기 위한 전략이었습니다.

　'체험화'는 소비자가 직접 경험하도록 유도함으로써 인지 해상도를 높이고, 브랜드 이미지를 더욱 선명하게 만드는 마케팅 전략입니다. 인간은 본능적으로 '이미지가 명확하지 않으면 선택하기 어려워하는' 특성을 지니고 있습니다. 따라서 체험화를 통해 이미지를 명확히 하는 것은 부가 가치를 창출하는 데 있어 매우 중요한 요소가 됩니다.

부가 가치를 만드는 기법

정리(수납)법

저는 언어화하는 작업을 좋아합니다. 20대 시절, 잡지 편집 일을 맡았을 때는 경험이 전혀 없었기 때문에 주변 사람들에게 들은 이야기나 책에서 얻은 정보를 어떻게든 제 것으로 만들고자 노트에 메모하며 '나만의 매뉴얼'을 삭성했습니다. 그 후로도 업무에서 배운 것들을 가능한 한 언어로 정리하려 노력했고, 그렇게 만든 '나만의 매뉴얼'을 작성하는 습관은 오랫동안 이어지고 있습니다.

나만의 매뉴얼에는 새롭게 알게 된 내용뿐 아니라 업무를 하면서 깨달은 원칙, 실수담에서 얻은 교훈, 성공 경험에서 배운 인사이트까지 함께 기록해 두었습니다. 제가 이런 나만의 매뉴얼을 쓰고 있다고 이야기하면 많은 사람이 '읽어보고 싶다'는 반응을 보이곤 합니다. 그 인연들이 쌓여 그동안 정리해 온 내용을 바탕으로 책을 출간할 기회를 얻게 되었고, 그렇게 세상에 나온 첫 책이 바로 『기적의 생가 공식』입니다. 작은 것들을 꾸준히 기록하고 정리해 온 덕분에 부가 가치가 생겼고, 그 부가 가치가 결국 책이라는 성과로 이어진 것입니다.

여기서 핵심은 '정리'입니다. 정리를 하면 할수록 부가 가치는 커집니다. 저는 이 과정을 '정리(수납)법'이라고 부릅니다.

예를 들어, 뽑기 캡슐 기계는 요즘 상업시설, 역 통로, 공항 등 다양한 장소에서 쉽게 볼 수 있을 만큼 큰 인기를 끌고 있습니다. 좁은 공간에서도 무인 판매가 가능해 높은 수익을 기대할 수 있기 때문에 점점 더 확산되는 추세입니다.

이 기계에는 개성 넘치는 상품들이 가득합니다. 버스 호출 버튼이나 과자 모양을 본뜬 미니어처 등 하나하나 전부 수집하고 싶을 만큼 매력적인 아이템들이 들어 있습니다. 뽑기 캡슐 기계의 진정한 매력은 바로 그 '형식' 자체에 있습니다. 직접 동전을 넣고

손잡이를 돌리는 행위, 어떤 상품이 나올지 알 수 없는 두근거림, 그리고 원하던 물건이 나왔을 때의 짜릿한 감동까지 이 모든 과정이 갖고 싶은 마음을 강하게 자극합니다.

하지만 뽑기 캡슐 기계 속 상품들이 단순히 가게에 진열되어 있었다면, 지금처럼 큰 호기심을 끌지는 못했을 것입니다. 캡슐 속에 담아 '수납(정리)'한 방식 자체가 부가 가치로 이어진 것이죠. 바로 이것이 '정리법'입니다.

라멘집이 모여 있는 지역을 흔히 '라멘 마을'이라 부릅니다. 미국 IT 기업들이 집약된 지역을 '실리콘밸리'라고 하는 것도 같은 맥락입니다. 이 또한 정리법의 한 형태라 할 수 있습니다.

술집이 밀집한 요코초(종로의 피맛골과 비슷한 분위기-역자), 대학이 모여 있는 대학가 역시 한곳에 모아 놓음으로써 부가 가치를 만들어낸 사례입니다. 캐릭터 상품이나 축제 또한 '수집'과 '집약'을 통해 새로운 부가 가치로 탄생한 경우라 할 수 있습니다.

그렇다면 왜 한곳에 모아 놓으면 부가 가치가 생기는 걸까요? 저는 대학 시절 빌려본 한 권의 필기 노트에서 그 해답을 찾을 수 있었습니다.

대학 시절, 저는 수업을 자주 빼먹곤 했습니다. 하지만 시험이 가까워지면 꼼꼼히 수업을 들은 친구에게 노트를 빌려 복사해 공부하곤 했습니다. 그 노트는 저처럼 수업을 듣지 않은 사람도 금방 이해할 수 있을 만큼 체계적으로 정리되어 있었고, 덕분에 저는 유급 없이 무사히 대학을 졸업할 수 있었습니다.

친구의 노트에는 '정리하는 편집' 기법이 잘 잘 드러나 있었습니다. 예를 들어, 다음과 같은 부분들입니다.

① 단순 필기가 아니라 수업 후 복습하며 머릿속에서 체계적으로 정리한 내용
② 이해를 돕기 위해 중요 표시 추가
③ 불필요한 부분은 과감히 생략
④ 나중에 보더라도 쉽게 이해할 수 있도록 꼼꼼한 정리

그야말로 완벽하게 '편집 기법'을 적용한 노트였습니다.

① 번은 정보의 정리 및 체계화
② 번은 정보의 부가 가치화
③ 번은 정보의 정리(=불필요 가치의 삭제)
④ 번은 정보의 가시화에 해당

①~④의 과정을 충실히 따른 결과 그 노트는 정보의 정리·체계화·가시화가 완벽하게 구현되어 높은 부가 가치를 발휘했습니다.

정리법을 활용하면 각 요소가 다소 미약하거나 눈에 잘 띄지 않더라도, 숫자로 정리하고 편집하며 부가 가치화함으로써 충분한 매력을 만들어낼 수 있습니다.

부가 가치를 만드는 기법

이익을 위한 손해의 기술

저는 스포츠 경기를 직접 보러 가는 것을 좋아합니다. 그런데 문득 이런 생각이 들었습니다.

'왜 나는 번거롭게 멀리 경기장까지 가서 경기를 관람하는 걸까? TV나 온라인 중계로도 시합을 볼 수 있는데, 굳이 직접 눈으로 보고 싶어 하는 이유가 뭘까?'

TV나 동영상으로 보면 훨씬 가까운 화면으로 경기를 볼 수 있는데도 말이죠. 이 궁금증을 해소할 단서를 유럽 축구팀에서 찾을 수 있었습니다.

축구를 열광하게 만드는 '공짜 부가 가치'

유럽의 일부 프로 축구팀은 경기장의 특정 좌석을 무료로 제공하기도 합니다. 티켓 판매가 구단의 중요한 수입원임에도 불구하고 왜 굳이 무료 좌석을 운영하는 걸까요?

이는 바로 '체험화를 활용한 부가 가치 창출 전략'입니다. 무료 좌석을 마련하는 이유는 열성팬들이 큰 소리로 응원해 경기장의 박진감을 높이고, 그 덕분에 유료로 관람하는 팬들까지 더욱 즐겁게 경기를 경험할 수 있도록 하기 위함입니다. 실제로 코로나로 인해 무관중 경기가 치러졌을 때는 경기를 보는 맛이 크게 떨어졌습니다.

반면, 열성팬들의 응원으로 가득한 경기장은 주변 관중들까지 가슴 벅차게 만듭니다. 즉, 무료 좌석은 박진감 넘치는 현장을 연출하고, 체험 가치를 높이기 위해 마련된 징치입니다. 말하자면 '체험화'를 위한 '공짜 좌석'인 셈이죠. 저는 이러한 방식을 '이익을 위한 손해의 기술'이라 부릅니다. 이 역시 부가 가치를 창출하는 대표적인 기법으로 실제로 다양한 분야에서 폭넓게 활용되고 있습니다.

유동 인구가 많은 핵심 지역에 자리한 대형 쇼핑몰 또한 좋은 사례를 보여줍니다.

층층이 쇼핑몰을 둘러보다 보면, 이색적인 분위기의 층을 마주할 때가 있습니다. 입점한 매장은 전혀 없고, 오로지 휴식 공간으로만 이루어진 층입니다. 단순히 의자와 테이블만 놓여 있는 것이 아니라 다양한 식물과 시선을 사로잡는 오브제들로 꾸며져 있어 쾌적하고 여유로운 시간을 보낼 수 있도록 설계된 공간입니다. 상식적으로 생각하면 이 공간을 매장으로 채우는 편이 매출에 더 유리할 것 같습니다.

그런데 쇼핑몰은 일부러 무료 휴식 공간을 제공합니다. 왜일까요? 바로 방문 가치를 높이기 위한 전략입니다. '멋진 공간을 공짜로 즐길 수 있는 그곳에 가자!'라는 방문 동기를 만들어 고객을 끌어들이면, 매장을 둘러본 고객이 자연스럽게 쇼핑으로 이어지고, 점차 충성고객으로 자리 잡는다는 계산입니다. 즉, 단기적인 매출에만 집착하지 않고, 부가 가치를 제공해 미래의 수익으로 연결하려는 전략적 접근입니다.

앞서 소개한 공짜 휴대전화 보급 전략도 '이익을 위한 손해의 기술'에 속합니다. 시각을 바꿔 이익으로 돌아오도록 만드는 방법인 것이죠.

'고생 끝에 낙이 온다'라는 말이 있습니다. 이는 고생을 감수하면 마침내 보람 있는 결실로 돌아온다는 뜻입니다. '이익을 위한 손해'라는 개념과 완전히 일치하지는 않지만, 눈앞의 이익에만 집중하지 않고 거시적인 안목으로 시간의 흐름을 미래에 두고 바라보면 결국 이익이 된다는 것이 '이익을 위한 손해 기술'의 핵심입니다.

'무언가를 얻고 싶다면 먼저 베풀어야 한다'는 사고방식에는 많은 이점이 있습니다.

'신뢰감을 얻을 수 있다', '상호성의 법칙이 작동하기 쉽다', '의사소통이 원활해진다', '좋은 인상을 줄 수 있다' 등 셀 수 없이 많은 장점이 있습니다.

대부분의 서비스가 처음에는 무료로 시작했다가 후에 유료로 전환되는 경우가 많은데, 이 또한 '이익을 위한 손해 기술'을 활용한 것입니다. 무료로 체험하게 한 뒤에 유료 서비스로 유인하는 방식인 거죠. 무엇을 베풀 수 있을지 고민하는 것부터가 부가 가치를 만드는 중요한 출발점이 됩니다.

부가 가치를 만드는 기법

불편을 기회로

 '경쟁사에 비해 자사의 상품성이 떨어진다', '자사의 서비스 비용이 경쟁사보다 높다'와 같은 고민을 하는 이들이 많습니다. 이러한 문제는 곧 네 가지 영역에서 경쟁사에 뒤처지고 있음을 의미할 수 있습니다.

마케팅에서 말하는 4P

Product (상품, 서비스)	Price (가격)
Place (유통)	Promotion (판촉)

이 4P는 상품이나 서비스를 제공하는 측, 즉 프로덕트 아웃Product Out의 관점입니다.

하지만 이를 고객 관점에서 바라본다면 어떻게 될까요? 마케팅에서는 이를 마켓 인Market In 관점이라고 하며, 4P 대신 4C로 표현합니다.

마케팅에서 말하는 4C

- Customer Value (고객 가치)
- Customer Cost (소비자 비용)
- Convenience (고객의 편리성)
- Communication (고객과의 소통)

상품이나 서비스라는 기준은 이제 '고객 가치'로 대체되었습니다. 즉, 무엇보다 중요한 것은 고객 가치라는 관점입니다. 만약 '경쟁사에 비해 자사의 상품성이 떨어진다'라고 생각된다면, 그 시각 자체를 바꿔볼 필요가 있습니다.

서비스로 고객 가치를 높이려면?

도쿄도 마치다시에 위치한 '덴카노 야마구치(가전의 야마구치)'

는 무려 28분기 연속 흑자를 기록하며 언론의 주목을 받았습니다. 이곳은 가전제품을 판매하는 매장으로 대형 가전 전문 매장에 둘러싸인 치열한 경쟁 환경에 놓여 있습니다. 가격이나 제품 종류 면에서도 대형 매장에 비해 불리한 조건이 많습니다.

그렇다면 '덴카노 야마구치'가 택한 돌파구는 무엇이었을까요?

그들의 전략은 바로 '고객에게 극한의 서비스를 제공하자'였습니다. 예를 들어, 기계 사용이 서툰 어르신들을 위해 한류 드라마를 대신 예약 녹화해 드리거나, 고객이 부재중일 때는 우편물을 대신 받아주는 등 상상을 뛰어넘는 수준의 서비스를 실천했습니다.

야마구치 사장은 한 인터뷰에서 "간지러운 데를 긁어주는 건 당연한 일입니다. 저희는 간지럽기 전에 먼저 긁어드립니다."라고 말했습니다. 즉, 선제적 서비스를 통해 고객이 자연스럽게 '덴카노 야마구치'에 의존하도록 만든 것입니다.

판매하는 제품은 비슷할지라도 '서비스'에는 분명한 차이가 있습니다. 그 차이는 상식을 뛰어넘는 '극한의 서비스', 그것이 바로 덴카노 야마구치의 경쟁력이 된 것입니다. 이것이야말로 부가 가치입니다. 부가 가치란 '기대 이상의 가치'라고 말씀드렸는데, 덴카노 야마구치의 서비스는 그 기대를 훌쩍 뛰어넘었습니다.

고객의 '불편'을 철저히 해소하는 것이 덴카노 야마구치가 추구하는 고객의 가치입니다.

저는 이러한 사고방식을 '불편 해소'라고 부릅니다. 불편 해소에서 가장 중요한 것은 고객의 불편을 발견해 내는 센스입니다. 원래 대부분의 상품과 서비스는 고객의 불편을 해소하기 위해 탄생한 것들이지만, 그 기대를 뛰어넘는 불편 해소는 누구나 할 수 없는 가치 있는 일입니다.

포인트는 기대 이상의 '불편'이 해소된 것을 고객이 느꼈느냐입니다. 덴카노 야마구치가 많은 고객에게 사랑받는 이유는 기대 이상의 서비스를 제공하고 있기 때문입니다. 철저히 고객의 불편을 없애려는 완벽주의, 그 집요한 자세가 부가 가치가 된 것입니다.

가전제품 판매→ 고객의 '불편' 해소

Product(상품, 서비스)로 경쟁하는 것만이 아니라 Customer Value(고객 가치)로 치열하게 경쟁하는 것 또한 부가 가치를 창출하는 방법입니다.

불편을 말 건넸나면, 부가 가치를 만들어낼 기회로 삼아보세요.

부가 가치를 만드는 기법

주객전도법

예전에 나고야의 한 모닝 카페를 취재한 적이 있었습니다. 그곳에서 경험한 모닝 문화는 나고야뿐만 아니라 아이치현 전역에서 즐길 수 있는 실로 놀라운 풍경이었습니다.

모르는 이들을 위해 설명을 하자면 아이치현의 대부분 카페에서는 아침 시간에 커피 한 잔만 주문해도 여러 가지 음식을 함께 제공합니다. 이 특별한 서비스를 '모닝'이라고 부릅니다. 제공되는 구성은 가게마다 조금씩 다릅니다. 빵, 달걀, 샐러드, 요구르트 정도는 기본이고, 어떤 곳은 수프나 크로켓, 과일, 단팥, 심지어 경단 같은 디저트까지 내놓습니다. 덕분에 메뉴판을 펼치는 순간, '무엇을 주문할까' 하는 즐거운 고민에 빠지게 되죠. 이 모닝 서비스는 아이치현 카페에서만 경험할 수 있는 독특한 문화입니다.

아이치 모닝에서 파는 것은?

아이치현에는 개인 카페가 유난히 많다는 점이 인상적이었습니다. 다른 지역에서는 대부분 대형 프랜차이즈가 자리 잡으며 개인 카페가 줄어드는 추세인데 왜 이곳은 개인 영업점이 많은 걸까? 하는 의문이 들었습니다.

그 이유는 '무엇을 파느냐'에 대한 정의에 있다고 생각합니다. 일반적으로 카페에서는 커피, 음료, 식사 등을 판매하는데 아이치의 카페는 조금 달랐습니다. 예전에 아이치현의 카페를 취재했을 때 "아이치의 카페는 내 집 부엌 같은 존재예요. 그래서 대부분 단골로 다니는 카페를 몇 군데씩 정해 두고 있죠."라는 말을 들은 적이 있습니다.

<u>스타벅스의 콘셉트가 '제3의 공간Third Plac'이라면, 아이치의 카페는 '집을 대신하는 공간', 말하자면 제2.5의 장소라고 할 수 있습니다.</u>(제1의 장소: 집 / 제2의 장소: 직장·학교 / 그 중간에 존재하는 제2.5의 장소-역자) 아이치 카페만의 부가 가치가 여기에 있습니다.

카페 입장에서 매일 찾아오는 손님이 있다는 것은 마치 정기 구독 회원을 둔 것과 같은 느낌일 것입니다. 단순히 한 건 한 건

의 매출과 이익을 따지는 것과는 전혀 다른 마음가짐으로 영업에 임하게 되겠지요. 이처럼 자주 찾아오는 단골손님에게 더 좋은 서비스를 제공하고 싶은 마음이 바로 모닝 서비스가 탄생한 계기가 되었을 것입니다. 물론 그 과정에서 모닝 서비스 경쟁이 과열된 측면도 없지 않아 보입니다.

부가 가치를 생각할 때 중요한 것은 '누구에게 부가 가치를 제공하는가'라는 점입니다. 아이치의 모닝 서비스가 전국적으로 알려지면서 이제는 집처럼 이용하는 단골손님뿐만 아니라 관광객의 발길도 늘고 있습니다. 그러나 정기적으로 '우리의 부가 가치는 무엇인가'를 되돌아본다면, 자신들이 누구에게 무엇을 제공해야 하는지 다시금 분명하게 깨닫게 될 것입니다.

주객전도가 감동을 만든다

아이치 모닝의 부가 가치는 바로 '주객전도'에 있습니다. 아이치 모닝이 주목받기 시작한 이유는 '커피를 주문했을 뿐인데 다양한 서비스가 따라온다'는 점이죠. 만약 제공되는 서비스가 메인 메뉴이고, 서비스로 커피가 제공되는 '모닝 세트'였다면 어땠을까요? 가성비가 좋다는 인상은 줄 수 있지만, 아이치 모닝처럼 큰 화제를 일으키지는 못했을 것입니다.

주객전도가 파격적인 혜택으로 느껴져 큰 매력으로 작동한 것입니다.

우리 회사도 이 '주객전도' 방식을 도입해 큰 성과를 거둔 사례가 있습니다. 바로 『듣기만 해도 자율신경이 안정되는 CD Book』이라는 책인데, 시리즈 누계 100만 부를 돌파하며 큰 반향을 일으켰습니다. 기획 단계부터 주객전도 개념을 의도적으로 적용했습니다.

자율신경을 안정시키는 음악을 CD로 제작하고, 여기에 책을 '부록'처럼 붙이는 콘셉트였습니다. 즉, 책이 주主가 아니라 CD가 주主이고, 책은 설명서 역할을 하도록 기획한 것입니다. 일반적으로는 책을 주로, 음악 CD를 부로 설정하지만, 이 경우에는 그 반대로 CD를 주로, 책을 객客으로 설정한 것입니다.

이를 위해 패키지 디자인에도 신경을 써 책 중심인 서점에서 음악 CD가 메인 상품처럼 보이도록 제작했습니다. 그 결과 이 상품은 크게 히트했고, 비슷한 콘셉트의 제품들이 다른 출판사에서도 잇달아 출시되기도 했습니다.

이 주객전도라는 관점은 일상에서도 종종 발견됩니다.

"우리 아이가 얼마 전에 산 우비를 입고 싶어서 딱히 외출할 계획도 없는데 비 오는 날 굳이 입고 나갔다 왔어요."라는 이야기를 들은 적이 있는데 이것 역시 참 사랑스러운 주객전도라고 할 수 있습니다.

주객전도를 통해 새로운 부가 가치를 만들어낸 사례도 있습니다. 치로루チロル 초콜릿은 '세상에 하나뿐인 오리지널'이라는 콘셉트로 부가 가치를 창출했습니다. 사진이나 이름을 새겨 넣는 서비스는 티셔츠, 수건, 수첩, 가죽 제품 등에서는 흔히 볼 수 있는데 이 아이디어를 초콜릿에 접목해 판로를 넓힌 것은 치로루 초콜릿이 처음입니다. 이름을 새겨 선물용으로 제작하거나 이벤트 기념품으로 활용하거나, 최애 아이돌의 이름을 넣어 팬 아이템으로 만들기도 합니다.

또한 초콜릿을 다 먹은 뒤에도 포장을 그대로 활용할 수 있도록 치로루 초콜릿과 같은 크기의 자석을 따로 만들어 판매했습니다. 이처럼 포장 자체를 부가 가치로 만든 것, 즉 내용물보다 포장이 주가 되는 주객전도의 발상이라고 할 수 있습니다.

아이폰 역시 주객전도의 발상에서 탄생한 대표적 사례입니다. 예전에는 컴퓨터를 책상 위에 두고 사용하는 것이 일반적이었습니다. 인터넷에 접속하려면 반드시 PC 앞에 앉아야 했고, 사용자가 기계의 환경에 맞춰야 했습니다. 그런데 아이폰의 등장은 이 흐름을 완전히 뒤바꿨습니다. 이제 사람들은 책상 앞에 앉지 않아도 언제 어디서든 인터넷에 접속할 수 있게 되었습니다. 즉, 기계가 사람에게 맞춰지는 주객전도의 전환이 일어난 것입니다.

부가 가치를 만드는 기법
선택지 플러스 법칙

앞서 아이치 카페를 '제2.5의 장소'라고 소개했습니다. 반면 스타벅스는 매장을 단순한 커피숍이 아닌 '제3의 공간Third Place'으로 재정의하며 편안한 공간으로 설계해 좋은 반응을 얻고 있습니다.

제3의 공간이란 집도 직장도 아닌 누구에게나 열려 있는 안식처로 만들겠다는 전략입니다. 스토리와 네이밍이 매우 탁월하죠. 만약 이 콘셉트를 '쉼터'나 '즐겨 찾는 장소' 정도로 이름을 붙였다면 지금처럼 고객의 공감을 얻기는 어려웠을 것입니다. 그만큼 '제3의 공간'이라는 명칭은 탁월한 네이밍이라고 할 수 있습니다.

참고로 스타벅스가 등장하기 이전에도 이와 비슷한 장소는 존재했습니다. 예를 들어 '스낵바'는 제3의 공간과 같은 역할을 하기도 했습니다. 다만 그 공간의 의미나 가치를 그렇게 인식하도록 전달하지는 못했던 것이죠.

제3의 공간이라는 새로운 선택지

'제3의 공간'이라는 개념을 처음 제시한 사람은 미국의 사회학자 레이 올덴버그Ray Oldenburg입니다. 그는 제1의 공간을 생활의 거점, 제2의 공간을 직장이나 학교와 같은 업무·학업의 거점, 그리고 제3의 공간을 복잡한 일상과 스트레스에서 벗어날 수 있는 장소이자 사람들과 교류하고 소통할 수 있는 거점이라고 정의했습니다. 이 정의에 따르면, 카페뿐 아니라 헬스장, 공원, 도서관 등도 제3의 공간에 속합니다.

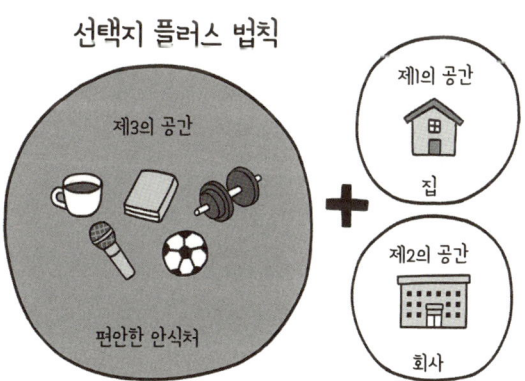

'제3의 공간'이라는 개념은 삶에 부가 가치를 더하는 요소가 됩니다.

부가 가치는 꼭 새로운 것을 만들어야만 생기는 것이 아닙니다. 이미 있는 것에 새로운 의미를 더하는 것만으로도 충분합니다. 그리고 그 의미를 언어로 표현하는 순간 사람들의 인식은 변하게 됩니다. 이때 사용할 수 있는 방법의 하나가 '새로운 선택지'의 제공입니다. 이를 '선택지 플러스 법칙'이라고 부릅니다.

식문화에도 푸드테크Foodtech 바람이 불면서 다양하고 새로운 선택지가 제공되고 있습니다. 그 대표적인 사례가 바로 비욘드 미트Beyond Meat입니다. 비욘드 미트는 식물성 원료로 만든 대체육으로 동물성 식품을 기피하거나 환경 문제에 관심이 많은 이를 위해 제안된 새로운 선택지입니다. 현재는 전 세계로 유통망이 확대되어 슈퍼마켓 등에서도 손쉽게 만나볼 수 있습니다.

예전에는 '고기를 먹느냐, 먹지 않느냐'라는 단 두 가지 선택지만 존재했습니다. 그러나 비욘드 미트의 등장은 소비자에게 완전히 새로운 '제3의 선택지'를 제시한 것입니다. '고기는 먹고 싶은데 동물성 고기는 피하고 싶은' 소비자들의 마음을 사로잡은 것이죠.

새로운 선택지를 제안할 때 가장 중요한 요소는 '네이밍'과 '전달력'입니다. 아무리 내용이 뛰어나도 이름이 매력적이지 않거나 전달력이 부족하면 부가 가치로 이어지기 어렵습니다. 예컨대, 에어비앤비Airbnb와 우버Uber 역시 기존의 호텔과 택시를 대체하는 새로운 선택지를 제시하며 빠르게 시장에 안착했습니다. 에어비앤비는 개인의 주거 공간을 숙박 시설로 활용해 여행자에게 호텔 이외의 대안을 제공했고, 우버는 일본에서는 아직 일부 지역에서만 허용되지만 미국에서는 택시를 대신하는 합리적인 차량 호출 서비스로 널리 확산되었습니다.

SPA 브랜드 또한 좋은 사례입니다. 자라와 유니클로처럼 기획부터 생산, 유통, 판매까지 전 과정을 직접 아우르는 SPA 업체들은 '저렴하고 신속하게 최신 유행을 반영한 옷을 구매할 수 있는' 새로운 선택지를 제시하며 큰 인기를 얻었습니다. 이처럼 다양한 사례에서 확인할 수 있듯이 '새로운 선택지의 제안'은 곧 부가 가치 창출로 이어지는 핵심 선략이라 할 수 있습니다.

부가 가치를 만드는 기법
멀티 부가 가치화

성인병을 앓는 지인 A 씨는 "의사 선생님이 매일 걷기를 권하시는데, 지키기가 참 어렵네요. 그래도 혈당을 관리하려면 걸어야겠지요?"라고 물었습니다. 또 다른 80대 지인도 의사에게서 이런 조언을 들었습니다.

"걷기는 치매 예방에 효과가 있으니 매일 걸으세요."

이처럼 '걷기'라는 단순한 행위에도 혈당 관리, 치매 예방 등 다양한 부가 가치가 담겨 있습니다.

- 걸으면 살이 빠지고 몸매가 좋아집니다. → 다이어트를 원하는 사람에게
- 걸으면 혈당 관리에 도움이 됩니다. → 건강을 중시하는 사람에게

- 걸으면 치매 예방에 효과가 있습니다. → 고령자에게
- 걸으면 아이디어가 떠오릅니다. → 직장인에게

멀티 부가 가치화

하나의 매력을 여러 방향으로 펼치면, 사람들은 각기 다른 관점에서 그 매력을 발견하게 됩니다. 부가 가치를 잘 만들어내는 사람은 결국 누구에게나 매력을 전할 수 있는 '전달의 기술'을 아는 사람일지도 모릅니다. 이렇게 다양한 시각에서 가치를 찾아내고 확장하는 방식을 저는 '멀티 부가가치화'라 부릅니다.

멀티 부가 가치화를 가장 잘 활용하는 대표적인 분야는 TV 홈쇼핑 MC입니다. 그들은 상품의 매력을 여러 각도에서 풀어내며

소비자의 시선을 사로잡습니다. 특히 TV 홈쇼핑은 이러한 멀티 부가 가치화에 반복 노출 효과까지 더해 시청자가 자연스럽게 상품에 빠져들도록 유도합니다.

편리성, 개발 과정의 비하인드 스토리, 효과와 효능, 비포 & 애프터, 나아가 '비포-애프터-애프터'로 이어지는 변화, 가격, 추가 서비스까지 다양한 관점에서 시청자의 마음을 공략합니다. 즉, 이 책에서 소개하는 부가가치 창출 기법이 총동원되어 엄청난 부가 가치가 끊임없이 만들어지고 있는 것입니다.

이러한 멀티 부가 가치화는 강렬한 개성이 부족하거나, 기존 가치에 머물러 있는 상품과 서비스에서 새로운 매력을 끌어내는 데 유용한 방법입니다. 작고 사소해 보이는 부가 가치라도 여러 방향에서 쌓이다 보면 결국 큰 부가 가치로 거듭나게 됩니다.

멀티 부가 가치화를 떠올릴 때 가장 먼저 떠오르는 이미지는 스위스 아미 나이프Swiss Army Knife 같은 만능 칼입니다. 뾰족한 칼날 외에도 가위, 톱, 줄, 드라이버, 병따개, 통조림 따개 등 다양한 도구가 접혀 있어 칼 하나로 여러 용도에 활용할 수 있습니다. 하나의 도구로 웬만한 상황을 해결할 수 있기 때문에 캠핑 등 야외 활동에서 널리 사용됩니다. 이처럼 자신이 담당하는 상품과 서비스의 매력을 전방위적으로 생각해야 합니다.

부가 가치를 만드는 기법

곱셈법

집밥을 제공하는 식당이 함께 운영되는 아파트가 있습니다. 그 자체로 높은 부가 가치를 자랑하는 곳인데, 바로 가나가와현 사가미하라시에 위치한 도코 키친トーコーキッチン입니다. 입주자 전용 식당으로 방 카드키를 찍어야만 출입할 수 있으며, 부동산 관리 회사인 도코 주택사가 운영하고 있습니다.

이 지역은 여러 대학이 밀집해 혼자 자취하는 학생이 많습니다. 도코 키친이 탄생한 배경에도 '자녀에게 안정적인 식사를 제공하고 싶다'는 학부모들의 수요가 크게 작용했다고 합니다. 대학생 아들이나 딸이 거주하는 아파트에 건강한 집밥을 제공하는 식당이 함께 있다면, 그것만으로도 상당한 부가 가치가 됩니다.

실제로 도코 주택사가 관리하는 1,800실 규모의 아파트는 공실 없이 꾸준히 높은 인기를 유지하고 있습니다.

이처럼 '집밥을 제공하는 아파트'라는 발상은 입주자와 학부모의 요구를 세심하게 반영한 아이디어에서 비롯된 것입니다.

조합으로 새로운 부가 가치가 다채롭게 만들어지고 있습니다.

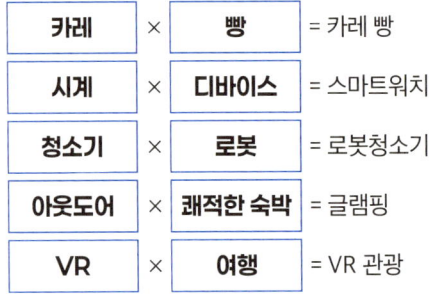

무엇이든 단순히 결합한다고 해서 성공적인 조합이 이루어지는 것은 아닙니다. 각자의 매력을 충분히 살려 조합할 때 비로소 새로운 부가 가치가 창출됩니다. 특히 기존에 존재하지 않았던 상품이나 서비스를 다른 요소와 결합하면, 전혀 새로운 부가 가치가 탄생할 가능성이 더욱 커집니다.

조합에는 다양한 방식이 있으며 두 가지 요소에 그치지 않고 세 가지, 네 가지 이상을 결합할 수도 있습니다. 이런 조합은 사고력을 기르는 훈련에도 크게 도움이 됩니다. 예를 들어, '하루 한 번 조합하기'를 목표로 꾸준히 실천하다 보면 예상치 못한 아이디어가 떠오를 수도 있습니다. 사고 연습을 위한 조합이라면 무엇이든 상관없습니다. 눈앞에 나무젓가락이 있다면, 그것과 어울릴 만한 다른 요소를 자유롭게 연결해 보세요.

- **나무젓가락 × 운세**
- **나무젓가락 × 프랑스 요리**
- **나무젓가락 × 펜**
- **나무젓가락 × 효자손**
- **나무젓가락 × 색깔**
- **나무젓가락 × 지속 가능성**

이처럼 가볍게 조합을 시도해 보는 것만으로도 사고의 폭을 넓히는 연습이 됩니다.

A × B

(또는 A × B × C…)

우선 A를 하나 정해 두고, B나 C(때로는 D나 E까지)에는 자유롭게 다양한 요소를 대입해 조합해 보세요. A는 현재 진행 중인 과제여도 좋고, 앞으로 도전해 보고 싶은 주제여도 좋습니다. 예를 들어, 회의 자리에서 화이트보드에 중심 주제인 A를 적고, 그 주변에 B와 C를 더해가다 보면 전혀 예상치 못한 아이디어가 떠오를 수도 있습니다.

꼭 새로운 부가 가치를 발견해 보세요!

칼럼

'이념(미션)'을 기존 가치에서
부가 가치로 바꾸기

어느 기업의 경영자가 이런 말을 한 적이 있습니다.

"우리 회사의 이념(미션)이 직원들에게 잘 스며들지 않아 고민입니다."

사실 경영 이념은 다소 극단적으로 표현하자면 '그럴싸해 보이는 훈계'처럼 들릴 때가 많습니다. 현실과 동떨어진 이상적인 말로 여겨져 공감을 얻지 못하는 경우가 적지 않지요. 그래서 이번에는 '왜 경영 이념이 조직에 스며들지 않는가'를 부가 가치의 관점에서 함께 생각해 보고자 합니다.

경영 이념에는 대체로 추상적인 표현이 자주 쓰입니다. 추상도가 높다는 것은 장단점을 동시에 지닙니다. 장점으로는 좁은 시야에 머무르지 않고 다양한 관점에서 사고할 수 있다는 점, 문제의 근본 원인과 같은 본질에 쉽게 다가갈 수 있다는 점, 그리고 불확실한 상황에서도 유연하게 사고할 수 있다는 이점이 있습니다.

반면, 단점으로는 듣는 이에게 '낮은 해상도의 메시지'로 전달될

위험이 있다는 점입니다. 즉, 명확하지 않은 애매한 이미지나 막연한 느낌만 전해져 제대로 이해되지 못할 수 있다는 뜻입니다. 따라서 경영 이념의 해상도를 높이는 언어화 작업은 매우 중요하며, 이는 경영 이념을 부가 가치화하는 과정에서도 예외가 아닙니다.

예를 들어, 수프 전문 프랜차이즈 수프 스톡 도쿄Soup Stock Tokyo의 슬로건 '세상의 온도를 높이다'는 표현의 해상도가 높아 누구나 그 의미를 구체적으로 그려볼 수 있습니다. 사내에서 신상품을 기획할 때도 자연스럽게 "이 제품이 세상의 체온을 높이는 데 기여하고 있는가?"라는 질문을 던질 수 있지요.

이처럼 간결하면서도 선명한 이미지를 환기하는 문장은 구성원들이 공유하고 공감하기에도 훨씬 용이합니다. 경영 이념의 추상도가 높다면, 그것을 한층 구체적이고 해상도 높은 언어로 표현할 필요가 있습니다.

에필로그

오늘 하루에도 가치를 더하라

중학교 시절, 여행지에서 할머니가 사 주신 티셔츠가 하나 있습니다. 이제는 입을 일이 전혀 없음에도 불구하고, 저는 그 옷을 40년 가까이 옷장 속에 그대로 보관해 두고 있습니다. 왜일까요?

그 티셔츠는 제게 단순한 옷이 아니라, 이미 '부가 가치화'된 특별한 존재이기 때문입니다. 처음 그 셔츠를 가게에서 봤던 순간이 아직도 생생하게 떠오릅니다.

'와, 정말 멋지다!' 처음으로 멋이라는 감각에 눈을 뜬 순간이었습니다. 하지만 제 용돈으로는 살 수 없는 가격이라 포기하려던 찰나 할머니께서 "그렇게 좋으면 사 줄게."라며 선물해 주셨습니다.

| 멋을 알게 된 순간 | × | 할머니의 마음 |

 이 두 가지가 더해지며, 그 셔츠는 제게 특별한 의미로 남게 되었습니다.
 약 10년 동안 입었고, 지금은 옷장 속에 고이 간직해 두었죠. 옷을 수시로 정리하지만, 이 티셔츠만큼은 버릴 수가 없습니다. 그 안에 깃든 추억과 부가 가치 때문입니다.
 아마 누구에게나 버리지 못하는 물건이 하나쯤은 있을 겁니다. 실제로 '버리지 못하는 물건'에 관한 설문조사를 해 보면, 사진·앨범, 선물, 편지·카드, 아이의 옷이나 손수 만든 작품처럼 추억이 담기거나 누군가의 마음이 실린 것들이 주요 항목에 꼽힙니다. 물론 사용하지 않는 물건은 자리만 차지하니 버리는 게 낫다고 말하는 사람도 있을 겁니다.
 하지만 저는 그렇게 생각하지 않습니다. 비록 쓰임새가 없더라도 그 물건이 내게 의미 있고, 그 자체로 부가 가치가 있다면 굳이 버릴 이유는 없다고 생각합니다. 결국 버릴지 말지를 판단하는 기준은 '사용 여부'가 아니라 '부가 가치'여야 합니다. 제게는 부가 가치가 가장 중요한 기준입니다.

 부가 가치는 행복과도 연결되어 있습니다. 여유로운 아침, 커피를 내릴 때 퍼지는 향기. 그 소소한 순간에도 우리는 행복을 느낍니다. 너무나 평범한 아침이지만 의식하지 않으면 그냥 스쳐 지나가 버리기 쉽습니다. 그러나 커피를 내릴 때의 '향기'와 '소리'라는 부가 가치가 더해지면, 우리는 그 순간을 온전히 느끼며 살아갈 수 있습니다.

저는 '시간'에도 부가 가치가 존재한다고 생각합니다. 바로 '가치 있게 느껴지는 순간'이 곧 시간의 부가 가치입니다. 행복은 결국 자신의 깨달음에서 비롯되지만, 우리는 바쁜 일상 속에서 그러한 행복을 제대로 느끼지 못한 채 흘려보내는 경우가 많습니다.

작은 부가 가치는 소중한 순간을 일깨워 주는 도구가 되기도 합니다. 제게 그 도구는 바로 '커피'입니다. 여기에서도 결국 부가 가치를 기반으로 한 사고방식이 중심이 됩니다. 이 책에서 소개한 부가 가치의 기법들은 그중 일부에 불과하며, 부가 가치를 창출하는 방법은 이 밖에도 무수히 많습니다.

각자 자신만의 시선으로 부가 가치를 의식하며 나만의 방식으로 만들어가기를 진심으로 바랍니다. 부가 가치라는 다소 추상적인 개념을 조금이라도 쉽게 전달하고 싶어 이 책을 집필했습니다.

"아, 부가 가치란 이런 것이었구나! 이제 나도 부가 가치를 생각하며 살아봐야지."

이렇게 느껴 주신다면 저로서는 더없이 큰 기쁨일 것입니다.

이 책에 담긴 내용이 곧바로 혁신적인 부가 가치를 창조하는 방법은 아닙니다. 다만 각자의 업무 속에서 작지만 자신만의 부가 가치를 의식하며 행복을 만들어가는 데 작은 길잡이가 되기를 바랍니다.

매일 1밀리미터씩이라도 부가 가치를 쌓아간다면, 분명히 미래는 달라질 것입니다. 부가 가치를 만드는 일을 여러분만의 무기로 삼아주시길 바랍니다.

평범한 오므라이스에
숨은 경영전략

펴낸날 2025년 11월 10일 1판 1쇄

지은이 가키우치 다카후미

옮긴이 이경미

펴낸이 金永先

편집 이교숙

디자인 김유진

펴낸곳 지니의서재

주소 경기도 고양시 덕양구 청초로 10 GL 메트로시티한강 A동 19층 A1-1924호

전화 (02) 719-1424

팩스 (02) 719-1404

출판등록번호 제13-19호

ISBN 979-11-94620-19-8(03320)

> 지니의서재와 함께 새로운 문화를 선도할 참신한 원고를 기다립니다.
> 이메일 geniesbook@naver.com (원고 투고)

- 이 책은 저작권자와의 계약에 따라 발행한 것이므로 본사의 허락 없이는 어떠한 형태나 수단으로도 이 책의 내용을 사용하지 못합니다.
- 파본은 구입하신 서점에서 교환해 드립니다.